München
1. Auflage 2001
ISBN 3-89883-005-5

Grafische Gestaltung	Georg Feigl
Foodfotografie	Walter Cimbal
Foodstyling	Hermann Rottmann
Reportagefotografie	Alexander Haselhoff
Redaktionelle Beratung	Reinhardt Hess, Isolde von Mersi
Redaktion	Kathrin Gritschneder, Edelgard Prinz-Korte, Kathrin Ullerich, Linda Walz
Herstellung	Karin Mayer, Peter Karg-Cordes
Lithografie	inteca Media Service GmbH, Rosenheim
Druck & Bindung	Neue Stalling, Oldenburg

Besuchen Sie uns auch im Internet unter www.zsverlag.de

ITALIEN

Die

KLASSISCHE KÜCHE

Mit Texten von Isolde von Mersi
und Fotos von Walter Cimbal
und Alexander Haselhoff

ZABERT SANDMANN

INHALT

LA CUCINA DELLE PASSIONI

Die Küche der Leidenschaften

Die klassische italienische Küche – gibt es sie überhaupt? Nein, sagen manche Kenner des Landes spontan. Mit guten Gründen. Italien besteht aus zwanzig Regionen, und diese bilden erst seit 1870 einen geschlossenen Staat, waren zuvor Kleinstaaten oder Stadtrepubliken. Deren unterschiedlichen Lebensgewohnheiten und kulturellen Eigenheiten sind teilweise bis heute lebendig geblieben und zeigen sich besonders deutlich am Herd. Die historisch gewachsenen Unterschiede verstärken klimatische und landschaftliche Kontraste – die Apenninenhalbinsel reicht von den Zentralalpen bis tief in den Süden, hohe Gebirge liegen in unmittelbarer Nachbarschaft zum Meer. All dies prägt die Küchen der Regionen. Bologna und Florenz beispielsweise liegen nicht einmal 100 Kilometer voneinander entfernt, doch ihre Kochtraditionen trennen Welten. Die Küche der Emilia Romagna charakterisieren Opulenz und barocke Sinnlichkeit, in der Toskana herrscht ein schnörkelloser Stil mit schlichter Harmonie und weiser Selbstbeschränkung. Oder Venedig und Neapel: Beide Städte liegen am Meer, beide schöpfen bei Fisch und Meeresfrüchten aus dem Vollen, doch gehen beide damit völlig anders um. Venezianische Fischgerichte sind elegant, zurückhaltend und raffiniert parfümiert, die Kompositionen Kampaniens schmecken kräftig, prägnant und würzig.

Trotz aller Gegensätze der Städte und Landstriche zwischen Südtirol und Sizilien: Auf den zweiten Blick lässt sich erkennen, dass es die klassische italienische Küche in Wahrheit doch gibt. Dieses Buch zeigt sie im Licht jener Wesenszüge und Qualitäten, die alle Regionen verbinden. Überall in Italien wird mit Bezug zum Althergebrachten gekocht. Überall stehen einheimische Produkte im Vordergrund. Frische, Reinheit und beste Qualität der Grundprodukte sind die wichtigsten Kriterien. Nach ihnen sucht jede Köchin und jeder Koch die Zutaten für jedes einzelne Gericht aus. Die Angebote des Marktes und der Jahreszeiten stehen daher immer im Vordergrund, im Aostatal genauso wie in Apulien. Kochen *all'italiana* bedeutet Kochen mit Flexibilität und Fantasie. Ingredienzen, die man gerade nicht frisch bekommt, werden kurzerhand durch ähnliche ersetzt. Ist Unerwartetes zu haben, wird spielerisch improvisiert: Was mache ich aus dem geschenkten Kaninchen, dem in den Bergen gefundenen Wildspargel, den frischen Himbeeren aus dem Garten?
Bei allen Überlegungen spielt die Bekömmlichkeit eine große Rolle. Altes Wissen um die gesundheitsfördernde Wirkung von Pflanzen, Früchten, Gemüsesorten und Gewürzen ist landauf, landab noch lebendig – vielleicht nicht zuletzt auch deswegen, weil die meisten Italiener bei Tisch gern und häufig übers Essen

reden. Der lebhafte Austausch von Erkenntnissen, welche Kräuter gegen Magenschmerzen oder Gallenleiden gewachsen sind, macht aus passionierten Köchen meist auch bestens informierte Konsumenten. Sie wissen, wie der Teig zu leckeren Nudeln wird, welche Oliven hochwertiges Öl ergeben, woher die besten Kapern oder Tomaten kommen und wo der wertvollste Safran wächst. Solche Kenntnisse vermittelt dieses Buch in den die Rezepte begleitenden Informationskästen. Sie sind konzipiert als Begleiter zu den genuinen Produkten, den Quellen des guten Geschmacks.

Hinter allen Zutaten, jeder Aubergine und jeder Zucchiniblüte, hinter jedem Käse und jeder Wurst aus Italien stehen viele engagierte Menschen. Bauern und Fischer, Öl- oder Reismüller, Nudelköchinnen, Pizzabäcker oder Eismacher vereint die Liebe zum ureigensten Erzeugnis, die Hingabe an die Natur und die überlieferten handwerklichen Techniken, die leidenschaftliche Suche nach Verfeinerungen und Verbesserungen der Qualität. Die Reportagen dieses Buchs stellen einige dieser passionierten Landwirte, Köche und Erzeuger vor – sie sind die wahren Hüter der Traditionen, sie halten in allen Regionen die Esskultur auf hohem Niveau.

Von den antiken Wurzeln dieser Esskultur, von den zahlreichen Einflüssen, die fremde Völker in den italienischen Kochtöpfen auf dem Festland und den Inseln hinterlassen haben, und von kulinarischen Bräuchen und Ritualen der Küsten- und Gebirgsbewohner erzählen die Einführungstexte zu den einzelnen Gängen. Die wichtigsten Bausteine für das bunte Mosaik der italienischen Küche sind schließlich die 180 Rezepte, die in einer Auswahl von Schlichtem und Üppigem, Raffiniertem und Herzhaftem die traditionellen Gerichte aus allen Landstrichen vereinen. Sie verführen nicht nur zu sinnenfrohem Genuss, sie sind zugleich eine Einladung zu einer lukullischen Reise vom Alpenbogen bis zum Stiefelsporn und zur Einkehr in die *cucina di casa*. Denn die klassische Küche ist vor allem eine häusliche Küche – einfach und ursprünglich, überliefert und immer wieder neu interpretiert von Generationen von Hausfrauen mit Sinn fürs Praktische und Preiswerte, mit Einfallsreichtum und Improvisationstalent. Ihr Repertoire ist unerschöpflich, bietet Passendes für jeden Anlass und macht alle glücklich: hungrige Kinder, genusssüchtige Freunde, anspruchsvolle Geschäftspartner oder den ganzen Familienclan. Es gibt keinen schöneren, keinen verlockenderen Gruß als diesen: *Benvenuti a tavola*, willkommen bei Tisch.

RITORNO ALLA NATURA

Die besten Oliven für das feinste Öl

Später Herbst in den Hügeln der Toskana, Umbriens und Latiums. In naturnah bearbeiteten Olivenhainen werden die Früchte zwei Wochen vor der eigentlichen Reife von Hand gepflückt. So zermatschen sie nicht und behalten ihr Aroma für Öle der Spitzenklasse. Qualitätsbewusste Ölmühlen pressen die Früchte kalt. Anschließend reift der kostbare Saft etwa vier Monate lang in Edelstahltanks. Ölmüller wie Olivenbauern schwärmen poetisch von ihrem Olivenöl, sie preisen es als »mild und strohblond« oder »herzhaft mit grünlichem Schimmer« – je nachdem, woher es kommt.

Netze fangen die Früchte schonend auf. Für die reinsten Ölsorten darf keine Olive angeschlagen sein.

Rund 3500 Ölbäume wachsen auf den Terrassen und Hängen des Bio-Musterguts am Ortsrand des umbrischen Städtchens Paciano. Doch erst an die 1800 Bäume tragen Früchte. Die Umstellung auf ökologischen Olivenanbau erfordert viel Zeit. »Fünf bis sieben Jahre dauert es, bis die Böden frei von Pestiziden und anderen giftigen Rückständen sind«, erzählt der Gutsverwalter. Wie er leistet die gesamte Elite der italienischen Olivenbauern Pionierarbeit zur ständigen Verbesserung der Qualität des Olivenöls. Und diese Arbeit beginnt nun mal an der Basis. Die Böden in den Plantagen bleiben ungepflügt, der Grund, auf dem die Bäume stehen, wird in Wiesen verwandelt und regelmäßig gemäht. Und selbstverständlich nährt sie nicht Kunstdünger, sondern Kuhmist oder *sansa*, die natürlichen Pressrückstände aus der Ölmühle.

Die Bäume werden nicht mit Pestiziden gespritzt und nach einem ausgeklügelten Verfahren geschnitten, damit die Oliven dicht an dicht wachsen. Olivenbauern ohne eigene Mühle bringen zur Erntezeit alle zwei Tage eine Fuhre frisch gefüllter Olivenkisten zur Ölmühle, spätestens 48 Stunden nach der Anlieferung müssen die Früchte verarbeitet sein. Nur so ist Spitzenqualität zu erzielen: ein Öl mit einem möglichst niedrigen Ölsäuregehalt. Nationale und internationale Forschungsinstitute unterstützen die Bemühungen der umwelt- und qualitätsbewussten Ölerzeuger. Die Toskana ist eine Art Experimentierfeld für Olivenbäume geworden. Dort werden alte und neue Sorten gezüchtet. Ihr Wachstumsverhalten, ihre Resistenz und die Verbesserung der Erträge stehen ständig auf dem Prüfstand.

Den Spitzenerzeugern aus allen italienischen Ölregionen sind die EU-Richtlinien für die Qualitätskennzeichnung des Olivenöls nicht streng genug. Die Öko-Bauern fordern eine Art DOC-Kennzeichnung wie beim Wein. Denn wie beim Rebensaft bestimmen Fruchtsorte und Reifegrad, Klima, Boden und Lage beim Olivenöl den typischen Geschmack und Geruch, die Farbe und den Fettsäureanteil. Einige Gutsbesitzer trösten sich einstweilen mit dem landschaftspflegerischen Nebeneffekt der ökologischen Olivenkultur, die braune Äcker aus dem Landschaftsbild verschwinden lässt. Andere sind offensiver, ziehen als Botschafter des guten Geschmacks durch Italien, aber auch ins fernste Ausland. Sie organisieren Präsentationen, Verkostungen und Kurse rund ums Olivenöl. Sie meinen: Der gut informierte Verbraucher hat immer das letzte Wort.

Ab Mitte November lösen die Erntehelfer Oliven der einheimischen Sorte Morello vorsichtig aus dem Blattwerk.

Die Elite der Öle

Zwei Drittel des italienischen Olivenöls kommen aus dem tiefen Süden, seine Sorten schmecken weich und mild. Die Zentrumsregionen produzieren jeweils weniger als fünf Prozent, Ligurien und die Gardaseeregion sogar noch weniger. Fachleute und Feinschmecker führen eine ewige Debatte, ob nun die Raritäten aus dem Norden, das intensive smaragdgrüne Olivenöl aus dem toskanischen Hügelland oder die grünlichen herzhaften Öle aus Umbrien und Latium die besten sind. So verschieden die Geschmäcker sein mögen, eins muss bei allen Sorten stimmen: die Qualitätskennzeichnung auf dem Etikett. »Olio extra vergine di oliva« heißt die hochwertigste Sorte. Dass sie direkt vom Erzeuger hergestellt, abgefüllt und verpackt wird, garantiert die Kennzeichnung »prodotto e imbottigliato/confezionato da…«. Wer Etikettenschwindel scheut, der deckt sich ohnehin am besten während des Italienurlaubs direkt bei den Ölbauern ein.

Brot

NON SOLO PANE

Brot mit dem gewissen Etwas

Ciabatta, Toskana-Laibe oder Südtiroler Schüttelbrot sind weit über Italiens Grenzen hinaus bekannt, die Pizza gehört der ganzen Welt. Der inneritalienische Austausch regionaler Brotspezialitäten ist rege. Am besten kommen jene Brote an, die sich mit Gewürzen, Füllungen oder Belag in eine Hauptmahlzeit verwandeln. Kein Wunder also, dass sich die ligurische *focaccia*, die *piadina* aus der Romagna oder die *schiacciata* aus der Toskana längst in allen Regionen etabliert haben.

Der tägliche Gang zum Bäcker ist Pflicht, denn Brot begleitet fast jede Mahlzeit.

Es gibt sie immer noch, die winzigen, nostalgischen Backstuben mit vorgelagerter Ladentheke, aus denen den ganzen Tag über betörende Düfte von ofenwarmem Brot in die Gassen strömen. Das Sortiment dieser kleinen Handwerksbetriebe ist bescheiden, aber unschlagbar frisch. Das tägliche Brot kaufen italienische Familien denn auch am liebsten beim Bäckermeister um die Ecke.

Die Römer der Antike nannten ihre einfachen, flachen Brotfladen *panis focacius.* In Italien ist daraus die *focaccia* geworden. Als Erfinder dieses längst im ganzen Land verbreiteten Hefeteigbrots gelten die Bewohner Liguriens. Sie hatten die Idee, das Brot schon beim Backen so anzureichern, dass es ohne weiteren Aufwand als Imbiss verzehrt werden konnte. Die Ur-Zutaten für die klassischen

Weizenmehl – in Italien zum Backen bevorzugt.

weißen *focaccie bianche* waren und sind Salz und Olivenöl, opulentere Variationen werden mit Oliven, Zwiebeln, Käse oder Kartoffeln gebacken. Neben den weißen *focaccie* gibt es in Ligurien auch pizzaähnliche Spielarten; sie sind angereichert mit gedünsteten Zwiebeln, Tomaten, Oregano, Knoblauch sowie pürierten Anchovis. Weiße *focaccie* sind auch in der Emilia Romagna und in den Marken von alters her beliebt. Die Toskana hat ihre eigenen Spielarten vom Jausenbrot, die *schiacciata* mit Olivenöl und das *pan di ramerino*, ein Hefebrot, das mit Rosmarinnadeln, manchmal auch zusätzlich mit Rosinen gewürzt wird. Das ungesäuerte Fladenbrot *piadina* aus der Romagna wurde ursprünglich als Imbiss direkt vom heißen Stein verspeist, meistens pur, manchmal mit frischen Feigen. Heute offerieren viele Bars in ganz Italien die *piadina* als kleines Gericht. Weit entfernt von der ursprünglichen Schlichtheit wird sie mit Speck oder Schinken, mit Käse und Tomaten belegt, zusammengeklappt und heiß serviert.

Neapel hat das Brot zur Hauptmahlzeit für arme Leute gemacht – als Pizza, die einst von Straßenverkäufern feilgeboten wurde. Eine Anthologie über die Sitten und Bräuche Neapels im 19. Jahrhundert überliefert, dass die *pizza bianca* die Urform gewesen ist, sie wurde nur mit Öl und Knoblauch gewürzt. Allerdings gab es schon damals die berühmte Pizza mit Mozzarella, Tomaten und Basilikum. *Pizza Margherita* heißt sie seit dem Jahr 1889: Der Pizzabäcker Raffaele Esposito hat sie zu Ehren der Königin Margherita di Savoia so getauft. Die *pizzaioli* Neapels nehmen bis heute für sich in Anspruch, die beste Pizza zu backen. Für die echte Pizza haben sie Regeln aufgestellt: Ihr Teig darf nur aus Mehl, Hefe, Salz und Wasser bestehen und sie wird bei über 400 °C auf dem Boden eines Holzkohlenofens gebacken.

BROT- & MEHLSORTEN

Knusprige »grissini« aus dem Piemont, weiche Sesamzöpfe aus Messina, krosse »biovetta« aus Turin oder ungesalzene Laibe aus der Toskana: Die meisten regionalen Brote und Brötchen sind aus weißen Mehlen gebacken. Das am häufigsten verwendete Mehl ist dasjenige, das aus den Körnern des Weichweizens hergestellt wird. Eine Ausnahme machten früher die getreidelosen Gebiete im Norden – dort wurde Brot aus Maismehl gebacken. In ärmeren Landstrichen des Südens ersetzte Kastanien- oder Kichererbsenmehl den Weizen. Doch alle diese Zutaten galten als minderwertig und arm. Der Trend zum »pane scuro« aus Roggen oder vollem Korn ist ziemlich jung, aber unaufhaltsam auf dem Vormarsch. Eine der neuesten Brotkreationen, die »milanesina«, ist eine Erfindung aus der Lombardei. Sie ist den heutigen Essgewohnheiten gesundheits- und kalorienbewusster Städter angepasst: ein kleiner Wecken aus einem Mix von Roggen-, Vollkorn- und Weizenmehlen.

PANE PER TUTTI

Brot ist für alle da

Companatico – eines der italienischen Wörter für die Mahlzeit bedeutet wörtlich: »Was man mit Brot isst.« Wer sich hier zu Tisch setzt, nimmt noch vor dem *antipasto* ein Stück Brot. Es begleitet jeden Gang bis aufs Dessert, mit Brot tunkt man die Sauce auf und die Salatmarinade. Zu Fleisch- oder Fischgerichten ist Brot eine Beilage wie Gemüse – kein Wunder, dass in Restaurants das Gedeck als *pane e coperto* berechnet wird. Hafer, Gerste, Dinkel – Cerealien sind die ältesten Nahrungsmittel der Welt, ungesäuerte, auf heißen Steinen gebackene Fladen die Urform des Essens, seit die Menschen mit Feuer umgehen. Den Ägyptern werden sowohl die Entdeckung des Sauerteigs als auch die ersten Verfeinerungen des Brots durch Zusätze wie Sesam oder Mohn zugeschrieben. Der Akribie des Geschichts- und Rezeptschreibers Cato verdanken wir die Erkenntnis, dass die Römer als Erfinder der *placenta*, einer herzhaften, mehrstöckigen, mit Schafskäse gefüllten Torte, die auf der Straße von den *placentarii* verkauft wurde, als Vorläufer der *focacceria* oder *pizzeria* anzusehen sind.

Geschichte und Geschichten erzählen so manche Brote, die seit Jahrhunderten zum Sortiment regionaler Backstuben gehören. Auf Sizilien etwa erinnern zwei Brötchen an die Zeit der arabischen Herrschaft über die Insel. Beide sind mit Sesamkörnern bestreut, einem Importprodukt der arabischen Küche. Den morgenländischen Geschmack konserviert bis heute das weiche Zopfbrötchen *pane a birra* aus Bierhefeteig, seine Heimat ist Messina. Aus Palermo kommen runde, ebenfalls weiche Sesambrötchen, die *vastedda* heißen. Gefüllt werden sie *pani ca'meusa* genannt, ihr Innenleben besteht dann aus hauchfein geschnittenen Scheiben von Kalbsmilz oder -lunge, die erst gekocht und dann in einer Kupferpfanne mit Schmalz aufgewärmt werden. Aus Sardinien, Italiens zweitgrößter Insel, kommt das *pane carasau*, das die Festlandbewohner *carta musica* nennen, weil es dem Pergament ähnelt, auf das früher die Musiknoten geschrieben wurden. Das hauchdünne, knusprige *carasau* kündet vom Leben der einstigen Hirten, die mit ihren Herden oft wochenlang unterwegs waren und ihre Verpflegung mit sich tragen mussten. Brotlaibe wären ein zu schweres und auch zu leicht verderbliches Gepäck gewesen. Außerdem ist das zerbrechliche Hirtenbrot äußerst flexibel, wenn es mit Flüssigkeit in Verbindung kommt. Dann kann es wie ein Pfannkuchen gerollt und gefüllt, geschichtet, belegt und in köstliche kalte oder warme Speisen verwandelt werden.

CIABATTA

Weißbrot mit Olivenöl

Mehl, Hefe, Salz, Öl

... mehr Zutaten braucht man nicht für den Ciabatta-Teig. Das Weißbrot ist besonders weich und luftig – dafür muss der Teig allerdings auch etwa einen halben Tag gehen. Seine Würze verdankt das Brot der Zugabe von feinem Olivenöl.

Zutaten für 2 Brote

400 g Weizenmehl (Type 550)
14 g frische Hefe
250 ml lauwarmes Wasser
1 ½ TL Salz
4 EL Olivenöl (extra vergine)
Mehl für die Arbeitsfläche

1 Das Mehl in eine Schüssel geben und in die Mitte eine Mulde drücken. Die Hefe hineinbröckeln, das Wasser langsam dazugießen und mit der Hefe und etwas Mehl zu einem Vorteig verrühren. Etwa 15 Minuten gehen lassen.

2 Das Salz auf den Mehlrand streuen, das Olivenöl dazugeben und alles vermischen. Den Teig etwa 10 Minuten kräftig kneten, bis er geschmeidig ist. Die Schüssel mit Frischhaltefolie abdecken und den Teig an einem warmen Ort 4 bis 6 Stunden gehen lassen.

3 Den Teig auf einer bemehlten Arbeitsfläche mit etwas Mehl leicht durchkneten. Aus dem Teig zwei dicke Rollen formen, zu flachen, langen Broten ziehen und mit Mehl bestäuben. Die Brote auf ein mit Backpapier ausgelegtes Backblech legen und mit Frischhaltefolie oder einem feuchten Küchentuch locker abgedeckt etwa 1 Stunde gehen lassen, bis sie gut aufgegangen sind.

4 Den Backofen auf 250 °C vorheizen. Die Ciabatta-Brote im Ofen 15 bis 20 Minuten backen, bis die Oberfläche gebräunt ist. Auf einem Kuchengitter abkühlen lassen.

Grissini

Brotstangen

Zutaten für etwa 50 Stück

350 g Weizenmehl (Type 550)
14 g frische Hefe
1 TL Salz
2 EL Olivenöl (extra vergine)
200 ml lauwarmes Wasser
Mehl für die Arbeitsfläche

1 Das Mehl in eine Schüssel geben und in die Mitte eine Mulde drücken. Die Hefe hineinbröckeln, das Salz auf den Mehlrand streuen. Das Olivenöl in die Mulde geben, das Wasser langsam dazugießen und alles etwa 10 Minuten zu einem glatten Teig kneten. Den Teig mit Frischhaltefolie abdecken und an einem warmen Ort 4 bis 6 Stunden gehen lassen.

2 Den Teig auf einer bemehlten Arbeitsfläche kurz durchkneten. Eigroße Stücke abnehmen und mit den Händen zu langen, etwa fingerdicken Stangen rollen. Auf ein mit Backpapier ausgelegtes Backblech legen und mit Frischhaltefolie oder einem feuchten Küchentuch locker abgedeckt 15 Minuten gehen lassen.

3 Den Backofen auf 230 °C vorheizen. Die Grissini im Ofen etwa 15 Minuten backen, bis sie goldbraun und knusprig sind. Auf einem Kuchengitter abkühlen lassen.

Küchentipp: Grissini schmecken am besten ofenfrisch! Man kann sie auch mit Sesam oder Mohn bestreuen. In Italien serviert man sie gern als Snack mit Parmaschinken oder Mortadella umwickelt.

Hefeteig

In Italien verwendet man für Backwaren fast immer Hefeteig. Diese Teige sind nicht sonderlich schwierig in der Zubereitung, jedoch sollten alle Zutaten Zimmertemperatur haben – dann kann sich die Hefe (»lievito«) optimal vermehren.

FOCACCIA ALL' OLIO

Brotfladen mit Olivenöl

Zutaten für 8 Personen

1 kg Weizenmehl (Type 550)
75 g frische Hefe
etwa 350 ml lauwarmes Wasser
Salz
Mehl für die Arbeitsfläche
etwa 50 ml Olivenöl (extra vergine)

1 Das Mehl in eine Schüssel geben und in die Mitte eine Mulde drücken, die Hefe hineinbröckeln. Langsam 100 ml Wasser dazugießen, mit der Hefe und etwas Mehl zu einem Vorteig verrühren. An einem warmen Ort 10 Minuten gehen lassen.

2 Den Vorteig mit dem Mehl, etwa 250 ml Wasser und 1 EL Salz verkneten. Den Teig auf einer bemehlten Arbeitsfläche gründlich durchkneten und mehrmals auf den Tisch schlagen. Etwa 4 Stunden gehen lassen.

3 Den Backofen auf 220 °C vorheizen. Ein Backblech mit Olivenöl bestreichen und mit etwas Salz bestreuen. Den Teig nach Belieben auf dem Blech etwa 1 cm dick ausrollen oder zu Fladen formen und auf das Backblech legen. Mit den Fingern in Abständen von etwa 6 cm Vertiefungen in den Teig drücken, wenig Salz und Olivenöl darüber geben. Im Ofen etwa 30 Minuten goldgelb backen.

Küchentipp: Man kann die Foccacia ähnlich wie Pizza mit allem Möglichen belegen. Gut schmecken z. B. schwarze Oliven, Zwiebelringe, Tomaten, Rosmarin oder Sardellen und Knoblauch. Anders als bei der Pizza ist bei der Focaccia allerdings der Teig das dominante Element, der Belag darf also nur sehr dünn auf das dicke, lockere Brot aufgetragen werden.

TARALLI

Brotkringel

Zutaten für 30 Stück

1 EL Fenchelsamen
400 g Weizenmehl (Type 550)
42 g frische Hefe oder 2 Päckchen Trockenhefe
½ TL Zucker, Salz
100 ml Olivenöl (extra vergine)
175 ml trockener Weißwein
Mehl für die Arbeitsfläche
Öl für das Blech

1 Die Fenchelsamen im Mörser grob zerstoßen. Das Mehl in eine Schüssel geben. Die Hefe zerbröckeln, mit Zucker, 1 Prise Salz und den Fenchelsamen auf das Mehl streuen. Olivenöl und Weißwein in einem kleinen Topf schwach erwärmen und mit einem Kochlöffel oder den Knethaken des Handrührgeräts unter die Mehlmischung rühren. Den Teig auf einer bemehlten Arbeitsfläche gründlich kneten, bis er geschmeidig ist. In einer Schüssel, mit einem Küchentuch bedeckt, etwa 10 Minuten gehen lassen. Ein großes Backblech mit Öl einfetten.

2 In einem großen Topf reichlich Wasser mit 1 Esslöffel Salz aufkochen. Den Teig in 2 Stücke teilen. Jede Hälfte auf einer bemehlten Arbeitsfläche zu einer etwa 4 cm dicken Rolle formen, diese in je 15 gleich große Stücke schneiden. Alle Stücke zu etwa 20 cm langen Rollen formen, zu Ringen legen, die Enden übereinander schlagen und leicht zusammendrücken. Die Ringe auf ein Stück Pergamentpapier setzen und 30 bis 40 Minuten gehen lassen. Inzwischen die Temperatur zurückschalten, das Wasser sieden lassen. Den Backofen auf 200 °C vorheizen.

3 Jeweils 4 bis 5 Ringe in das siedende Wasser geben. Wenn sie an die Oberfläche steigen, herausnehmen und kurz abtropfen lassen. Die Ringe nebeneinander auf das Blech legen und im Ofen 20 bis 25 Minuten goldgelb backen.

Küchentipp: Diese knusprigen Brotkringel werden in Süditalien gern zum Aperitif gegessen. Traditionell bereitet man sie mit Schweineschmalz und Wasser zu. Statt mit Fenchelsamen können sie auch mit Peperoncini gewürzt werden. Die Kringel abkühlen lassen und luftdicht verschlossen aufbewahren.

CROSTINI AI FUNGHI

Geröstetes Brot mit Pilzen

Zutaten für 4 Personen

400 g frische Pilze (z. B. Champignons oder Austernpilze)
1 kleine Zwiebel, 3 EL Butter
1 Schuss Rotwein oder trockener Marsala
Salz, schwarzer Pfeffer aus der Mühle
4 Scheiben Ciabatta (siehe Seite 16) oder Bauernbrot
4 Scheiben Fontina-Käse, 1 Bund Petersilie

1 Die Pilze putzen, mit Küchenpapier abreiben und in feine Scheiben schneiden. Die Zwiebel schälen und fein hacken.

2 Die Butter in einer Pfanne zerlassen und die Zwiebeln darin bei kleiner Hitze goldgelb dünsten. Den Rotwein dazugießen und kurz einkochen lassen. Die Pilze dazugeben, salzen und pfeffern und 10 bis 15 Minuten sanft schmoren lassen.

3 Den Backofen auf 180 °C vorheizen. Inzwischen die Brotscheiben mit dem Fontina belegen und etwa 5 Minuten im Ofen überbacken.

4 Die Petersilie waschen und trockenschütteln, die Blätter von den Stielen zupfen und fein hacken. Mit den Pilzen mischen. Die Pilzmischung auf die Crostini geben und sofort servieren.

CROSTINI CAMPAGNOLI

Geröstetes Brot nach Bauernart

Zutaten für 4 Personen

50 g Walnusskerne
150 g entsteinte, große schwarze Oliven
½ geschälte Knoblauchzehe
abgeriebene Schale von 1 unbehandelten Zitrone
Salz, 3 EL Olivenöl (extra vergine)
8 Scheiben Ciabatta (siehe Seite 16)

1 Die Walnusskerne grob hacken und mit Oliven, Knoblauch und Zitronenschale im Mörser zu einer Paste verarbeiten.

2 Die Paste in eine Schüssel füllen und mit Salz abschmecken. Tropfenweise das Olivenöl dazugeben und mit einem Holzlöffel unterrühren, bis die Paste eine weiche, gut streichbare Konsistenz angenommen hat.

3 Die Brotscheiben toasten oder unter dem Backofengrill rösten. Die warmen Brotscheiben gleichmäßig mit der Olivenpaste bestreichen und sofort servieren.

Küchentipp: Nach Belieben können Sie die Olivenpaste noch mit frischen, klein gehackten Kräutern wie Thymian oder Rosmarin würzen.

Bruschetta al Pomodoro

Geröstetes Brot mit Tomaten

Zutaten für 6 Personen

400 g Tomaten
2 Knoblauchzehen
1 Bund Basilikum
12 Scheiben Ciabatta (siehe Seite 16)
Salz, schwarzer Pfeffer aus der Mühle
2–3 EL Olivenöl (extra vergine)

1 Die Tomaten waschen, Stielansätze und Kerne entfernen und das Fruchtfleisch in Würfel schneiden. Den Knoblauch schälen und halbieren. Das Basilikum waschen und trockenschütteln, die Blätter von den Stielen zupfen und grob hacken.

2 Die Brotscheiben toasten oder unter dem Backofengrill rösten, noch warm mit den halbierten Knoblauchzehen einreiben. Die Tomatenwürfel darauf verteilen. Mit Salz und Pfeffer würzen. Mit Olivenöl beträufeln und mit Basilikum bestreuen.

Küchentipp: Wer es würziger mag, gibt noch 2 Teelöffel klein gehackte Kapern über die Tomatenwürfel. Dann nicht zu viel Salz verwenden.

Crostini ai Fegatini di Pollo

Geröstetes Brot mit Hühnerleber

Zutaten für 4 Personen

150 g Hühnerlebern
70 g Parmaschinken
1 Salbeizweig
1 EL Olivenöl (extra vergine), 2 TL Zitronensaft
1 EL frisch geriebener Parmesan
Salz, schwarzer Pfeffer aus der Mühle
8 Scheiben Ciabatta (siehe Seite 16)

1 Die Hühnerlebern putzen und sehr fein hacken. Den Schinken in feine Würfel schneiden. Salbei waschen und trockenschütteln, die Blätter abzupfen und in Streifen schneiden.

2 Das Olivenöl erhitzen, die Lebern mit den Schinkenwürfeln und Salbeiblättern darin anbraten. Etwa 10 Minuten garen, bis die Flüssigkeit verdampft ist. Zitronensaft und Parmesan untermischen, mit Salz und Pfeffer würzen.

3 Die Brotscheiben toasten oder unter dem Bachofengrill rösten und mit der Leberpaste bestreichen. Nach Belieben mit in Olivenöl frittierten Salbeiblättern belegen und warm servieren.

PANDORATO

Gefüllte, gebackene Brotscheiben

Zutaten für 4 Personen

400 g Kastenweißbrot
300 g Mozzarella
100 g roher Schinken (in Scheiben)
Milch, Mehl, 2 Eier
Salz, Öl zum Ausbacken

1 Das Weißbrot entrinden. Mit einem scharfen Messer die erste Scheibe des entrindeten Brotes einschneiden, sodass sie an einer Seite noch mit dem Laib zusammenhängt. Die zweite Scheibe ganz durchschneiden. So fortfahren. Auf diese Weise erhält man gleich große Scheibenpaare, die an einer Seite zusammenhängen.

2 Mozzarella abtropfen lassen und in Scheiben schneiden, mit den Schinkenscheiben auf die Größe der Brotscheiben zurechtschneiden. Jedes »Sandwich« mit je 1 Scheibe Mozzarella und Schinken füllen. Fest zusammendrücken und kurz in einen Suppenteller mit etwas Milch tauchen (nicht hineinlegen!). In Mehl wenden und auf eine Servierplatte legen. Die Eier mit einer Gabel verquirlen, salzen und über die Brotscheiben gießen. Gut 2 Stunden ruhen lassen.

3 Den Backofen auf 50 °C vorheizen. In einer großen Pfanne reichlich Öl erhitzen, die gefüllten Brotscheiben darin portionsweise auf beiden Seiten goldgelb backen. Auf Küchenpapier abtropfen lassen. Die Brotscheiben im Ofen warm halten, bis alle »Sandwiches« gebacken sind. Heiß servieren, nach Belieben diagonal halbieren.

'NSALATA EOLINA

Brotsalat von den Äolischen Inseln

Zutaten für 4 Personen

½ Kopf Romanasalat (etwa 200 g)
3 Tomaten
2 kleine rote Zwiebeln
2 EL Kapern (in Salz)
10 eingelegte schwarze Oliven
2 Scheiben Friselle (pikanter Zwieback)
2 EL Weißweinessig
Salz, schwarzer Pfeffer aus der Mühle
4 EL Olivenöl (extra vergine)

1 Vom Romanasalat die Blätter ablösen, putzen, waschen, abtropfen lassen und quer in Streifen schneiden.

2 Die Tomaten waschen und halbieren. Die Stielansätze entfernen und die Tomaten in Spalten schneiden. Die Zwiebeln schälen und in feine Ringe schneiden. Die Kapern in ein Sieb geben und unter fließendem Wasser abspülen. Die Oliven abtropfen lassen.

3 Alle Zutaten in eine Schüssel füllen. Die Friselle in Stücke brechen, ganz kurz in kaltes Wasser tauchen, abtropfen lassen und unter den Salat mischen.

4 Den Weißweinessig mit Salz und Pfeffer verrühren, das Olivenöl mit einer Gabel unterschlagen. Die Vinaigrette über den Salat träufeln und vorsichtig untermischen. Den Salat sofort servieren, solange die Friselle noch etwas knusprig sind.

Rohe Zwiebeln würzen viele Salate, besonders wenn Tomaten zu den Hauptzutaten zählen. Italienische Hausfrauen entschärfen die »Geschmacksbomben«, indem sie die sehr dünn geschnittenen Zwiebelringe zwei- bis dreimal in kaltes Wasser legen und mit der Hand die Schärfe herauspressen. Das milchige Wasser wird dabei jedes Mal durch frisches ersetzt. Danach liegen die Zwiebeln eine Weile in kaltem Wasser. Schließlich lässt man sie auf einem Sieb abtropfen, drückt sie in einem sauberen Küchentuch aus und gibt sie beim Anrichten zum Salat.

PIZZA MARGHERITA

Pizza mit Tomaten, Mozzarella und Basilikum

Zutaten für 4 Personen

Für den Teig:
500 g Weizenmehl (Type 550), 42 g frische Hefe
250 ml lauwarmes Wasser, Salz, 7 EL Olivenöl (extra vergine)
Mehl für die Arbeitsfläche
Für den Belag:
800 g Tomaten, 2 Knoblauchzehen
5 EL Olivenöl (extra vergine), 1 TL getrockneter Thymian
Salz, weißer Pfeffer aus der Mühle
375 g Mozzarella, 1/2 Bund Basilikum, Öl für das Blech

1 Das Mehl in eine Schüssel geben und in die Mitte eine Mulde drücken. Die Hefe zerbröckeln und mit 100 ml lauwarmem Wasser verrühren. In die Mulde geben, mit Mehl bestäuben und zugedeckt 15 Minuten gehen lassen.

2 Salz, 150 ml lauwarmes Wasser und das Olivenöl dazugeben, alles zu einem geschmeidigen, glatten Teig verkneten. Den Teig abgedeckt an einem warmen Ort etwa 1 Stunde gehen lassen.

3 Die Tomaten überbrühen, häuten, halbieren und entkernen, das Fruchtfleisch in Würfel schneiden. Den Knoblauch schälen und in feine Scheiben schneiden. In einem Topf 1 Esslöffel Olivenöl erhitzen und den Knoblauch darin bei starker Hitze andünsten. Die Tomaten dazugeben und offen etwa 5 Minuten einkochen lassen. Mit Thymian, Salz und Pfeffer kräftig abschmecken. Den Mozzarella abtropfen lassen und in feine Scheiben schneiden. Das Basilikum waschen und trockenschütteln, die Blätter von den Stielen zupfen.

4 Den Backofen auf 250 °C vorheizen. Den Teig noch einmal gut durchkneten, vierteln und auf einer bemehlten Arbeitsfläche zu 4 dünnen, runden Pizzen ausrollen. Backbleche mit etwas Öl bestreichen und die Pizzen auf die Bleche geben. Den Rand etwas dicker formen und mit Öl bestreichen.

5 Die Tomatensauce auf dem Teig verteilen. Mit Mozzarella und Basilikumblättchen belegen und mit dem restlichen Olivenöl beträufeln. Die Pizzen im Ofen etwa 15 Minuten backen, bis der Teig gebräunt und der Käse zerlaufen ist.

PIZZA AL PROSCIUTTO DI PARMA

Pizza mit Parmaschinken

Zutaten für 4 Personen

1 Rezept Pizzateig (siehe Seite 24)
500 g rote Paprikaschoten
5 EL Olivenöl (extra vergine)
250 g Mozzarella
125 g Fontina-Käse
600 g Tomaten
2 Schalotten, 4 Knoblauchzehen
½ Bund Basilikum
Öl für das Blech
schwarzer Pfeffer aus der Mühle
100 g Parmaschinken (hauchdünn geschnitten)
125 g weicher Ziegenkäse

1 Den Teig wie beschrieben zubereiten, aber nur etwa 30 Minuten gehen lassen. Paprikaschoten längs halbieren, Trennwände und Kerne entfernen. Die Schotenhälften waschen und in Streifen schneiden. In einem kleinen Topf 1 Esslöffel Olivenöl erhitzen und die Paprika darin bei kleiner Hitze 7 Minuten dünsten.

2 Den Mozzarella abtropfen lassen und in kleine Würfel schneiden. Den Fontina-Käse grob reiben, beides mischen. Die Tomaten überbrühen, häuten, halbieren und entkernen, das Fruchtfleisch in Stücke schneiden. Schalotten und Knoblauch schälen, beides in dünne Scheiben schneiden. Basilikum waschen und trockenschütteln, die Blätter von den Stielen zupfen.

3 Den Backofen auf 250 °C vorheizen. Den Teig noch einmal gut durchkneten, vierteln und auf einer bemehlten Arbeitsfläche zu 4 dünnen, runden Pizzen ausrollen, die Ränder etwas dicker formen. Die Pizzen auf gefettete Backbleche legen.

4 Die Pizzen mit dem restlichen Olivenöl bestreichen, mit den Tomatenstücken belegen und mit Pfeffer würzen. Zwei Drittel der Käsemischung darauf geben und mit den Basilikumblättern bestreuen. Schinken, Paprika, Schalotten und Knoblauch auf den Pizzen verteilen. Den Ziegenkäse zerbröckeln und mit der restlichen Käsemischung auf die Pizzen streuen. Die Pizzen im Ofen etwa 15 Minuten backen, bis der Teig gebräunt und der Käse zerlaufen ist.

Pizza Quattro Formaggi

Pizza mit vier Käsesorten

Zutaten für 4 Personen

1 Rezept Pizzateig (siehe Seite 24)
Öl für das Blech
etwa 450 g verschiedene Käsesorten
(z. B. Mozzarella, Gorgonzola, Ricotta und Pecorino)
einige Thymian- und Salbeizweige
2 EL Olivenöl (extra vergine)

1 Den Teig wie beschrieben zubereiten. Nach dem Aufgehen zu 4 dünnen, runden Pizzen ausrollen und auf gefettete Backbleche legen. Die Ränder etwas dicker formen.

2 Den Backofen auf 250 °C vorheizen. Mozzarella und Gorgonzola in kleine Würfel schneiden, Ricotta mit der Gabel zerdrücken, Pecorino reiben. Alle Käsesorten mischen und auf dem Teig verteilen. Die Kräuter waschen und trockenschütteln, die Blätter von den Stielen zupfen.

3 Die Kräuter auf den Käse streuen. Die Pizzen mit Olivenöl beträufeln und im Ofen etwa 15 Minuten backen, bis der Teig gebräunt und der Käse zerlaufen ist.

Pizza con carciofi e capperi

Pizza mit Artischocken und Kapern

Zutaten für 4 Personen

1 Rezept Pizzateig (siehe Seite 24)
Öl für das Blech, 400 g geschälte Tomaten (aus der Dose)
240 g Artischockenherzen (in Öl) oder 2 junge Artischocken
4 Knoblauchzehen
250 g Mozzarella, 2–3 EL Kapern (in Lake)
Salz, schwarzer Pfeffer aus der Mühle
Olivenöl (extra vergine) zum Beträufeln
1 Bund Oregano

1 Den Teig wie beschrieben zubereiten, aber nur etwa 20 Minuten gehen lassen. Zu 4 dünnen, runden Pizzen ausrollen und auf gefettete Backbleche legen. Den Backofen auf 250 °C vorheizen.

2 Tomaten abtropfen lassen, klein schneiden und auf den Pizzen verteilen. Artischocken abtropfen lassen, längs halbieren und auf die Tomaten geben. Knoblauch schälen und hacken, Mozzarella in Scheiben schneiden. Knoblauch, Kapern und Mozzarella auf den Pizzen verteilen, salzen und pfeffern. Mit Olivenöl beträufeln.

3 Die Pizzen im Ofen etwa 15 Minuten backen, bis der Käse zerlaufen ist. Oregano waschen und trockenschütteln, die Blättchen grob hacken und auf die Pizzen streuen.

CALZONE

Pizzatasche mit Ricotta-Tomaten-Füllung

Zutaten für 4 Personen

1 Rezept Pizzateig (siehe Seite 24)
100 g roher Schinken
2 Fleischtomaten
2 Bund Thymian
300 g Mozzarella
300 g Ricotta, 4 Eier
50 g frisch geriebener Parmesan
Salz, weißer Pfeffer aus der Mühle
Öl für das Blech
etwa 6 EL Olivenöl (extra vergine)

1 Den Teig wie beschrieben zubereiten und gehen lassen. Den Schinken in kleine Würfel schneiden. Die Tomaten überbrühen, häuten, halbieren und entkernen, und das Fruchtfleisch in Würfel schneiden.

2 Den Thymian waschen und trockenschütteln, die Blättchen von den Stielen zupfen. Den Mozzarella abtropfen lassen und in kleine Würfel schneiden.

3 Ricotta durch ein Sieb in eine Schüssel streichen und mit den Eiern verrühren. Schinken-, Tomaten- und Mozzarellawürfel mit Thymian und Parmesan untermischen, alles mit Salz und Pfeffer würzig abschmecken.

4 Den Pizzateig noch einmal kräftig durchkneten und vierteln. Auf einer bemehlten Arbeitsfläche zu 4 dünnen, runden Fladen ausrollen. Den Backofen auf 230 °C vorheizen.

5 Jeden Fladen etwa zur Hälfte mit Füllung belegen – dabei einen Rand von etwa 2 cm frei lassen – und die nicht belegte Teighälfte darüber klappen. Die Ränder gut andrücken.

6 Backbleche mit etwas Öl bestreichen und die gefüllten Teigtaschen darauf legen. Mit Olivenöl bestreichen und im Ofen etwa 25 Minuten backen, bis sie gebräunt sind.

Küchentipp: Wer die Füllung variieren möchte, kann den rohen Schinken durch je 50 g in Würfel geschnittene Salami und gekochten Schinken ersetzen.

PIZZA AL TONNO

Pizza mit Thunfisch

ZUTATEN FÜR 4 PERSONEN

1 Rezept Pizzateig (siehe Seite 24)
Öl für das Blech
400 g Tomaten (aus der Dose)
1–2 EL Kapern (in Lake)
1 TL getrocknete Kräuter (z. B. Thymian, Oregano, Rosmarin)
Salz, schwarzer Pfeffer aus der Mühle
2–3 weiße Zwiebeln
300 g Thunfisch (im eigenen Saft)
80 g frisch geriebener Käse
(z. B. Fontina-Käse, jüngerer Pecorino oder Bergkäse)
2 EL Olivenöl (extra vergine)

1 Den Teig wie beschrieben zubereiten, nach dem Aufgehen zu 4 dünnen, runden Pizzen ausrollen und auf gefettete Backbleche legen, die Ränder dabei dicker formen.

2 Die Tomaten abtropfen lassen und zerkleinern. Die Kapern hacken und mit den Kräutern unter die Tomaten mischen, mit Salz und Pfeffer würzen. Drei Viertel der Sauce auf dem Teig verstreichen. Den Backofen auf 220 °C vorheizen.

3 Die Zwiebeln schälen und in Ringe schneiden. Den Thunfisch abtropfen lassen, mit einer Gabel zerpflücken, mit den Zwiebelringen mischen und auf der Tomatensauce verteilen. Die restliche Tomatensauce darüber geben, mit dem Käse bestreuen. Das Olivenöl darüber träufeln.

4 Die Pizzen im Ofen 25 bis 30 Minuten backen, bis der Teig leicht gebräunt und der Käse zerlaufen ist.

PIZZA CON FUNGHI E BIETOLE

Pizza mit Pilzen und Mangold

ZUTATEN FÜR 4 PERSONEN

1 Rezept Pizzateig (siehe Seite 24)
Öl für das Blech
500 g Mangold, Salz
100 g Pilze (z. B. Steinpilze, Pfifferlinge oder Champignons)
2 Knoblauchzehen, 3 EL Olivenöl (extra vergine)
1 EL getrockneter Oregano
schwarzer Pfeffer aus der Mühle
250 g grob geriebener Fontina-Käse

1 Den Teig wie beschrieben zubereiten, aber nur 30 Minuten gehen lassen. Den Mangold putzen und waschen. Mangoldstiele und -blätter in etwa 3 cm breite Streifen schneiden. Die Mangoldstiele in reichlich sprudelndem Salzwasser etwa 3 Minuten blanchieren. Die Blätter dazugeben und mit den Stielen noch etwa 3 Minuten kochen. In ein Sieb abgießen, kalt abschrecken und abtropfen lassen.

2 Den Teig noch einmal durchkneten, auf einer bemehlten Arbeitsfläche zu 4 dünnen, runden Pizzen ausrollen und auf gefettete Backbleche legen. Den Backofen auf 250 °C vorheizen.

3 Die Pilze putzen und mit Küchenpapier abreiben. Knoblauch schälen und grob hacken. 2 Esslöffel Olivenöl erhitzen, die Pilze darin anbraten. Knoblauch dazugeben und glasig dünsten. Mit dem Mangold mischen, mit Oregano, Salz und Pfeffer würzen.

4 Die Pilz-Gemüse-Mischung auf den Pizzen verteilen, mit geriebenem Käse bestreuen und großzügig mit Olivenöl beträufeln. Die Pizzen im Ofen etwa 15 Minuten backen.

Waldpilze sind aus der italienischen Küche nicht wegzudenken. Würzige Pfifferlinge etwa sind unentbehrliche Begleiter für Pasta oder Risotto, eingelegt kommen sie als Antipasto auf den Tisch und gedünstet schätzt man sie als Pizzabelag. Alle klassischen Pilzrezepte nennen jedoch Steinpilze an erster Stelle: Sie finden roh oder mariniert, gegrillt, gebraten oder gedünstet Verwendung. Ein Kapitel für sich: die getrockneten Waldpilze. Ihr moschusartiges Aroma entfaltet sich am besten zu Reis und Nudeln, in Suppen und Saucen.

Antipasti

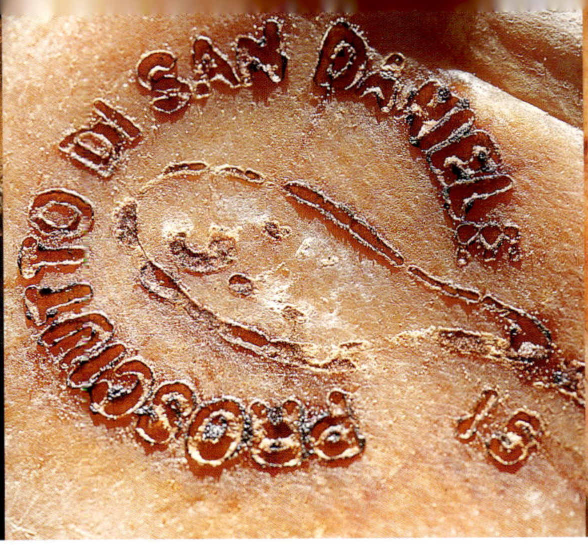

IL FASCINO DEL PROSCIUTTO

Und ewig lockt der Schinken

Parma oder San Daniele: Nur übertrieben puristische *prosciutto*-Liebhaber führen Glaubenskriege um die ultimative Schweinekeule. Warum sich festlegen in einem Land, in dem es fast so viele Schinken wie Täler gibt? Das überdies noch mit einer ganzen Palette köstlicher Würste aufwarten kann: mit geräucherten Kaminwurzen aus Südtirol, mit der würzigen *soppressa* aus Venetien, mit der ausgefallenen *finocchiona*-Salami aus der Toskana, dem milden Bauchspeck *lardo di colonnata* oder dem deftigen *culatello* aus der Emilia Romagna, der unumstrittenen Königin unter den Wurstregionen.

Das Lufttrocknen der gesalzenen Schweinekeulen kann 15 bis 30 Monate dauern, bis sie rund ein Drittel ihres ursprünglichen Gewichts verloren haben.

Die Verkäuferin zeigt stolz ihre Schätze: Pferdeschinken, Wildschweinschinken, Hirsch-, Reh- und Elchschinken. Sie hat noch Exotischeres im Sortiment: Fasan-, Gänse- und Entenschinken. Bodenständiges führt sie natürlich auch, den echten *prosciutto di San Daniele*. Er trägt den Namen »Dok« und ist ein hausgemachtes Produkt der Familie Dall'Ava aus San Daniele in der Region Friaul, einer der italienischen Hochburgen des *prosciutto*. Die Dall'Avas stellen ihren Schinken im Zentrum her, am Ortsrand führen sie eine *prosciutteria*. Das ist eine ortstypische und äußerst sympathische Sonderform der Gastronomie, mal Laden, mal Wirtshaus, mal beides – in jedem Fall ein Platz, wo man den köstlichen Rohschinken als Protagonisten mit einem verlockenden Gefolge anderer Zutaten genießen kann: mit einem Stück Brot und einem Glas Wein, mit eingelegten Artischocken, im Duett mit würzigem Käse aus den Julischen Alpen, mit Melonen, Feigen oder Spargel. Der Überlieferung nach wird seit 1248 in San Daniele Schinken hergestellt. Heute gibt es 27 *prosciutto*-Unternehmen, die jährlich weit mehr als zwei Millionen Schinkenkeulen auf den Markt bringen. Eine Genossenschaft überwacht streng die Einhaltung von Qualitätsstandards, ihr Gütesiegel ist ein Schweinepfoten-Stempel. Doch wer wie Natalino Dall'Ava mit Leib und Seele *prosciutto*-Macher ist, verfeinert von sich aus die Regeln der Kunst. »Wir verwenden nur die besten Schweine aus den nördlichen Regionen Italiens«, versichert er und erklärt den langwierigen Entstehungsprozess: »Die gesalzenen Keulen hängen erst hundert Tage im Kühlen, werden anschließend gewaschen und getrocknet. Erst danach beginnt der Reifeprozess.«

Das Wort *prosciutto* leitet sich übrigens von *prosciugare* ab und bezeichnet den Austrocknungsprozess. Jeder Zoll ein Purist, lehnt Signor Dall'Ava die Bezeichnung *prosciutto* für gekochten Schinken strikt ab. Der nimmt nämlich im Gegensatz zum Rohschinken nicht an Gewicht ab, sondern zu, satte zehn Prozent. Fast das gesamte Wirtschaftsleben von San Daniele dreht sich um die legendären Schinkenkeulen. Und so kommt es auch, dass es die unterschiedlichsten *prosciutterie* gibt. Manche sind einfache, den Betrieben angeschlossene Probierlokale. Andere sind kleine Imbissstuben mit Traditionsgerichten aus dem Friaul, Gemüsesuppen oder Fleisch vom Grill. Feinkostläden, Bars, aber auch Önotheken oder Tavernen nennen sich zusätzlich *prosciutteria*. Und einmal im Jahr, bei der *prosciutto*-Kirmes im August, verwandelt sich der ganze Ort in eine Freiluft-*prosciutteria*. Hunderttausende von Touristen bevölkern das historische Zentrum und schlemmen nach Herzenslust: Mehrere tausend San-Daniele-Keulen werden an einem einzigen Wochenende verputzt.

Salz entzieht den Schweinekeulen Flüssigkeit. Erst danach wird das Fleisch luftgetrocknet.

FÜR DAS BESTE AROMA

An den Schinken- und Wursttheken italienischer Feinkostläden wird sehr großzügig verpackt. Jede Lage, manchmal sogar jede Scheibe wird mit Frischhaltefolie abgedeckt, alles zusammen wird in Wachspapier gewickelt, darüber kommt Alufolie und zuletzt noch eine Plastiktüte. Das mag auf den ersten Blick wie Verschwendung wirken, ist aber Notwendigkeit: Sind Wurst und Schinken einmal aufgeschnitten, verlieren sie schnell ihren Duft. Mithilfe von Wickelkunst und Kühlschrank lässt sich das Aroma zumindest für 24 Stunden konservieren. Eine Stunde vor dem Verzehr muss der Schinken aus der Kälte. Kenner legen beim »prosciutto« jedes Kalorienbewusstsein ab. Der Fettrand darf auf keinen Fall abgeschnitten werden, sonst ist es um die Kunst der Schinkenmacher geschehen, die schon bei den Keulen auf ein ausgewogenes Verhältnis von Fleisch und Fett achten, später beim Lufttrocknen auf feinstens austarierte Verhältnisse zwischen würzig und mild, saftig und kernig.

LA BELLA COMPAGNIA

Antipasti, bunt wie die Gästeschar

Wie heißt man die Gäste willkommen, bevor man sie zu Tisch bittet? Mit kleinen, feinen Verheißungen noch größerer Köstlichkeiten. Die *antipasti* sind Italiens liebenswerteste Zeichen von Gastfreundschaft. Ein Brauch mit Wurzeln im alten Rom: Bei den Banketten der Patrizier gehörte eine Vielzahl vorwiegend kalter Gänge zum Menü. Sie sollten den Magen zu noch größerem Appetit anregen. Durch den Handel mit dem Orient gelangten neue, exotische Speisen ins Römerreich. Wie wertvolle Beutestücke wurden sie bei den Gastmählern als Kostproben gereicht, als Statussymbole für den Hausherrn.

Die Möglichkeiten, der geladenen Gesellschaft die Zeit bis zur Hauptmahlzeit mit allerlei Köstlichkeiten zu vertreiben, sind noch heute nahezu grenzenlos. Die klassische Variation ist zugleich die einfachste: Schinken oder Würste, Speck und Käse, dazu frisches Brot und eine Auswahl von *sottolii* oder *sottaceti*, in Öl oder Essig eingelegte Gemüse wie Artischocken, Zwiebeln, Pilze oder Oliven. Im Sommer werden auch frische Früchte wie Melonen und Feigen oder frisches Gemüse dazu gereicht.

Für formelle Essen, aber auch für Büfetts sind die aufwändigeren warmen *antipasti* ein Muss. Die bekanntesten bestehen entweder aus gefülltem, frittiertem oder gratiniertem Gemüse oder aus in Teig gebackenem Fisch, Fleisch, Gemüse oder Käse. Eine Auswahl warmer *antipasti* ersetzt heute häufig den eigentlichen ersten Gang – auch die Italiener sind längst kalorienbewusster geworden. Der Vorliebe für eine möglichst bunte Palette feiner Häppchen tut das keinen Abbruch. Jeder Landstrich hat seine Spezialitäten, fast jeder Haushalt seinen eigenen Bauern, nahezu jeder Küstenbewohner seinen Fischer als Lieferanten unverfälschter Lebensmittel. In den Städten kann man gute ländliche Produkte in der *gastronomia*, dem exzellent sortierten Feinkostladen, immer mehr aber auch in der *enoteca*, dem Weinladen, kaufen. In den Metropolen des Nordens schließlich, in Mailand oder Turin, haben die Bars den Feierabend zur Stunde der *antipasti* gemacht. Wenn die Zeit für den Aperitif gekommen ist, biegen sich die Tresen unter den delikatesten Snacks. Jungen, immer eiligen Geschäftsleuten ersetzen solche Stehbüfetts oft das zeitraubende Abendessen.

FIORI DI ZUCCHINE RIPIENI

Gefüllte Zucchiniblüten

ZUCCHINIBLÜTEN

Wenn die Zucchini blühen – von Juni/Juli bis in den August –, werden auf den Gemüsemärkten Italiens die orangefarbenen Blütenkelche angeboten. Sie sind essbare Hülle für diverse Füllungen. Besonders schätzt man sie in der ligurischen Küche.

ZUTATEN FÜR 4 PERSONEN

200 g Zucchini
150 g mehlig kochende Kartoffeln, Salz
1 Bund Basilikum
3 Majoranzweige
2 Knoblauchzehen
50 g frisch geriebener Parmesan, 1 Ei
5 EL Olivenöl (extra vergine)
schwarzer Pfeffer aus der Mühle
8–10 große Zucchiniblüten

1 Die Zucchini putzen und waschen, die Kartoffeln schälen, beides in kleine Stücke schneiden. Getrennt in wenig Salzwasser garen. Abgießen und gut abtropfen lassen. Zucchini und Kartoffeln pürieren, miteinander vermischen.

2 Basilikum und Majoran waschen und trockenschütteln, die Blätter abzupfen und klein schneiden. Den Knoblauch schälen und fein hacken. Die Kräuter und den Knoblauch mit Parmesan, Ei und 2 Esslöffeln Olivenöl zum Zucchini-Kartoffel-Püree geben und alles gut vermischen. Mit Salz und Pfeffer würzig abschmecken.

3 Den Backofen auf 250 °C vorheizen. Eine große ofenfeste Form mit 1 Esslöffel Olivenöl einfetten.

4 Von den Zucchiniblüten die Blütenstempel entfernen, die Blüten kurz in kaltes Wasser tauchen und mit Küchenpapier vorsichtig trockentupfen.

5 Die Zucchiniblüten mit der vorbereiteten Masse füllen, die Spitzen gut zusammendrücken. Nebeneinander in die Form legen. Die Blüten mit dem restlichen Olivenöl beträufeln und im Ofen etwa 10 Minuten garen. Die gefüllten Zucchiniblüten heiß servieren.

CUCUZZEDDI FRITTI

Überbackene Zucchini

ZUTATEN FÜR 4 PERSONEN

etwa 100 g Paniermehl
1 Knoblauchzehe
je 2 Estragon-, Minze- und Oreganozweige
4 mittelgroße Zucchini
8 EL Olivenöl (extra vergine)
Salz, schwarzer Pfeffer aus der Mühle
Cayennepfeffer
etwa 4 EL Aceto balsamico

1 Das Paniermehl in einer Pfanne ohne Fett unter Rühren goldgelb rösten. Den Knoblauch schälen und dazupressen, die Masse kurz abkühlen lassen.

2 Kräuter waschen und trockenschütteln, die Blättchen hacken und unter die Paniermehlmasse mischen. Zucchini putzen, waschen und der Länge nach in etwa 1 cm dicke Scheiben schneiden. Mit Küchenpapier trockentupfen.

3 Den Backofen auf 200 °C vorheizen. Die Hälfte des Olivenöls in einer Pfanne erhitzen, die Zucchinischeiben darin portionsweise auf beiden Seiten goldgelb braten.

4 Die Zucchinischeiben nebeneinander auf ein mit Backpapier ausgelegtes Backblech legen. Mit Salz, Pfeffer und 1 Prise Cayennepfeffer würzen. Je etwas Paniermehlmasse auf den Scheiben verteilen, mit Essig und dem restlichen Olivenöl beträufeln. Die Zucchinischeiben im Ofen etwa 20 Minuten backen, bis die Paniermehlmasse gebräunt ist. Die überbackenen Zucchini heiß oder kalt servieren.

KÜCHENTIPP: Man kann unter die Paniermehlmasse auch ½ Bund fein gehackte Petersilie und 3 klein geschnittene Sardellenfilets mischen.

ACETO BALSAMICO

Wie Wein trägt auch italienischer Qualitätsessig das DOC-Siegel. Der »Aceto balsamico tradizionale« aus Modena hat es 1986 als erster Essig bekommen. Dieser Balsamico reift mindestens 12 Jahre in alten und neuen Fässern aus erlesenen Hölzern.

FICHI AL BALSAMICO

Feigen mit Balsamico

Zutaten für 4 Personen

4 reife Feigen
1 EL Aceto balsamico oder Balsamico bianco
schwarzer Pfeffer aus der Mühle
8 dünne Scheiben Parmaschinken
4 Scheiben Mortadella

1 Die Feigen waschen und trockentupfen, die Stielansätze entfernen. Die Feigen jeweils vom Stielansatz her kreuzweise ein-, aber nicht durchschneiden. Die Früchte auf Teller setzen und aufblättern. Die Schnittflächen mit Essig beträufeln und mit Pfeffer bestreuen.

2 Den Parmaschinken und die Mortadellascheiben locker zusammenfassen und um die Feigen herum anordnen, nach Belieben mit Basilikumblättern garnieren und sofort servieren.

Küchentipp: Dazu schmecken schwarze Oliven, toskanisches Weißbrot oder Grissini (siehe Seite 17).

INSALATA CAPRESE

Mozzarella mit Tomaten

Zutaten für 4 Personen

750 g mittelgroße Tomaten
250 g Mozzarella
1 Bund Basilikum
Salz, schwarzer Pfeffer aus der Mühle
reichlich Olivenöl (extra vergine)

1 Die Tomaten waschen und mit Küchenpapier trockentupfen. Die Stielansätze entfernen und die Tomaten in gleichmäßige, etwa 5 mm dicke Scheiben schneiden.

2 Den Mozzarella abtropfen lassen und in 2 bis 3 mm dicke Scheiben schneiden. Die Tomaten- und Käsescheiben abwechselnd dachziegelartig auf Tellern anrichten.

3 Das Basilikum waschen und trockenschütteln. Die Blätter abzupfen und über Käse und Tomaten verteilen. Salz, Pfeffer und eine kleine Karaffe mit Olivenöl dazu reichen, so kann jeder nach eigenem Geschmack würzen.

SEDANO AL GORGONZOLA

Staudensellerie mit Gorgonzolacreme

ZUTATEN FÜR 4 PERSONEN

2 Bund Staudensellerie
180 g nicht zu reifer Gorgonzola
2 EL weiche Butter
1–3 EL Cognac
weißer Pfeffer aus der Mühle

1 Die äußeren harten Blätter vom Staudensellerie entfernen. Das Herz in Stangen teilen, diese gründlich waschen und, wenn nötig, die Fäden abziehen.

2 Die Selleriestangen trockentupfen und gleichmäßig in etwa 5 cm lange Stücke schneiden. Die Selleriestücke mit der Höhlung nach oben nebeneinander auf einem Servierteller anrichten.

3 Den Käse zerbröckeln. In einer Schüssel mit der Butter und so viel Cognac verrühren, bis eine dicke Creme entsteht. Mit Pfeffer würzen und in die »Sellerieschiffchen« füllen. Nach Belieben mit Selleriegrün garnieren.

CIPOLLINE ALL' AGRODOLCE

Essigschalotten mit Rosinen

ZUTATEN FÜR 4 PERSONEN

30 g Rosinen, 2 EL Marsala, 500 g Schalotten
2 EL Olivenöl (extra vergine), 1 EL Zucker
Salz, schwarzer Pfeffer aus der Mühle
3 EL Weißweinessig, 250 ml Weißwein
je 1 kleiner Rosmarin- und Oreganozweig

1 Die Rosinen in einem Sieb heiß waschen und abtropfen lassen. Mit Marsala übergießen, quellen lassen. Die Schalotten schälen.

2 Das Olivenöl erhitzen, den Zucker darin leicht karamellisieren lassen. Die Schalotten dazugeben und unter Rühren andünsten. Mit Salz und Pfeffer würzen, Essig und Weißwein dazugießen. Kräuter waschen und trockenschütteln, die Nadeln bzw. Blättchen dazugeben, alles zugedeckt 30 Minuten sanft schmoren lassen.

3 Die Schalotten mit einem Schaumlöffel herausheben, mit Rosinen und Marsala mischen. Weinsud offen bei starker Hitze auf die Hälfte einkochen, salzen und pfeffern und über die Schalotten gießen. Zugedeckt etwas ziehen lassen. Lauwarm servieren.

BAGNA CAUDA

Rohes Gemüse mit Sardellen-Knoblauch-Sauce

ZUTATEN FÜR 4 PERSONEN

1–1,5 kg rohes Gemüse zum Eintauchen:
Topinambur, rote und gelbe Paprikaschoten
(in 2 cm breite Streifen geschnitten)
Peperoncini, Blumenkohlröschen
zarte, kleine Wirsingblätter
Staudensellerie (die inneren, zarten Stangen)
junge, zarte Artischocken (in Vierteln)
Möhren (in Stiften)
Radicchio rosso (in Vierteln)
Fenchelherzen (in Vierteln)
Für die Sauce:
6 Sardellenfilets (in Salz), 3 Knoblauchzehen
80 g Butter, 100 ml Olivenöl (extra vergine)
100 ml Weißwein, Salz

1 Die Topinambur unter fließendem Wasser gründlich abbürsten und in Salzwasser gar kochen. Abkühlen lassen, schälen und in Stifte schneiden. Das restliche Gemüse putzen, waschen, zerteilen und auf einer großen Servierplatte anrichten.

2 Die Sardellenfilets abspülen, trockentupfen und klein schneiden. Den Knoblauch schälen und fein hacken. Butter, Olivenöl, Weißwein und Knoblauch in einem kleinen Topf leicht erhitzen.

3 Den Topf vom Herd nehmen, die Sardellen dazugeben und bei kleiner Hitze unter Rühren erwärmen, nicht kochen. Es sollte eine flüssige Creme entstehen. Mit Salz abschmecken.

4 Den Topf auf ein Stövchen oder einen Rechaud stellen, damit die Gäste das Gemüse, wie bei einem Fondue, hineintauchen können. Wichtig ist, dass die Sauce während der Mahlzeit heiß bleibt.

PRIMIZIE IN PINZIMONIO

Rohes Gemüse mit Zitronen-Senf-Dip

ZUTATEN FÜR 4 PERSONEN

1 kg frisches, junges Gemüse:
Möhren, Staudensellerie
Fenchel, Paprikaschoten
Frühlingszwiebeln, Radicchio
Chicorée, Champignons
Tomaten, Gurken, Radieschen
Artischocken
Für den Dip:
1 Knoblauchzehe
4 EL Zitronensaft oder Weißweinessig
Salz
schwarzer Pfeffer aus der Mühle
1 TL scharfer Senf
8 EL Olivenöl (extra vergine)

1 Gemüsesorten sorgfältig putzen und waschen bzw. schälen. Von den Artischocken die harten Außenblätter, Stielenden und Spitzen entfernen. Die Artischocken vierteln und in Zitronenwasser legen, damit sie sich nicht dunkel verfärben.

2 Den Knoblauch schälen und fein hacken. Nach Belieben das Gemüse in dicke Scheiben schneiden und dekorativ auf einer großen Servierplatte anrichten.

3 Für den Dip den Zitronensaft mit Salz, Pfeffer, Senf und dem gehackten Knoblauch vermischen. Das Olivenöl unterrühren und den Dip auf Portionsschälchen verteilen. Den Dip zum Gemüse servieren.

FRITTELLE DI BORRAGINE

Frittierte Borretschblätter mit Paprikasauce

ZUTATEN FÜR 4 PERSONEN

Für den Teig:
100 g Mehl
2 Eier
6 EL Milch
$^1/_2$ TL Salz
weißer Pfeffer aus der Mühle
Für die Sauce:
300 g rote Paprikaschoten
Öl für das Blech
1 kleiner Peperoncino
1 Knoblauchzehe
1 TL Limettensaft
Salz, schwarzer Pfeffer aus der Mühle
1 TL Paprikapulver (edelsüß)
Außerdem:
200 g Borretschblätter
Öl zum Frittieren

1 Aus den angegebenen Zutaten einen glatten Teig rühren. Durch ein feines Sieb passieren, falls sich Klümpchen gebildet haben. Die Borretschblätter waschen und mit Küchenpapier gut trockentupfen. Den Backofen auf 220 °C vorheizen.

2 Für die Sauce die Paprikaschoten längs halbieren, Trennwände und Kerne entfernen. Die Schotenhälften waschen, trockentupfen und mit den Schnittflächen nach unten auf ein gefettetes Backblech setzen. Im Ofen backen, bis die Haut Blasen wirft. Herausnehmen, mit einem feuchten Küchentuch abdecken und einige Minuten ruhen lassen. Die Schoten häuten, eine Hälfte in Würfel schneiden, die andere im Mixer fein pürieren. Den Peperoncino längs halbieren, entkernen und waschen. Den Knoblauch schälen und ebenso wie den Peperoncino fein hacken. Paprikawürfel und -mus in einer Schüssel mit Limettensaft, Peperoncino, Knoblauch, Salz, Pfeffer und Paprikapulver verrühren.

3 Das Öl in einem Topf auf 180 °C erhitzen. Die Borretschblätter einzeln in den Teig tauchen und portionsweise im Öl frittieren. Herausnehmen und auf Küchenpapier abtropfen lassen. Mit der Paprikasauce servieren.

FAGIOLI ALLA SALVIA

Weiße Bohnen mit Salbei

ZUTATEN FÜR 4 PERSONEN

1 kg frische weiße Bohnen (Cannellini-Bohnen)
oder 400 g getrocknete weiße Bohnen
4 Knoblauchzehen, 1 Salbeizweig
4 EL Olivenöl (extra vergine)
Salz, schwarzer Pfeffer aus der Mühle

1 Frische Bohnen auspalen. Getrocknete Bohnen in kaltem Wasser mindestens 12 Stunden – am besten über Nacht – einweichen. Vor der Weiterverwendung in einem Sieb abspülen und abtropfen lassen.

2 Den Knoblauch schälen und halbieren. Bohnen, Knoblauch, Salbei und Olivenöl in einen Topf geben, mit Salz und Pfeffer würzen. Mit so viel lauwarmem Wasser auffüllen, bis alles gut bedeckt ist.

3 Langsam erhitzen, aber nicht sprudelnd kochen lassen, sondern während der Garzeit die Hitze auf ein Minimum reduzieren. Etwa 60 bis 90 Minuten köcheln lassen, bis die Bohnen gar sind.

FAGIOLI AL FIASCO

Bohnen in der Flasche

ZUTATEN FÜR 4 PERSONEN

300 g getrocknete weiße Bohnen, 2 Knoblauchzehen
125 ml Olivenöl (extra vergine), 4–5 Salbeiblätter
Salz, schwarzer Pfeffer aus der Mühle

1 Bohnen über Nacht in kaltem Wasser einweichen. Am nächsten Tag abtropfen lassen und in eine bauchige ofenfeste Flasche füllen. Knoblauch schälen und dazupressen. Olivenöl, Salbei und so viel Wasser dazugeben, dass die Bohnen gut bedeckt sind.

2 Den Backofen auf 190 °C vorheizen. Die Flasche mit einem Strohpfropfen verschließen und die Bohnen etwa 3 ½ Stunden garen, bis das Wasser verdampft ist und die Bohnen das Olivenöl aufgesogen haben. Die Bohnen in eine Schüssel geben, nochmals mit Salz und Pfeffer würzen.

MELANZANE ALLA PARMIGIANA

Auberginenauflauf

ZUTATEN FÜR 4 PERSONEN

500 g Tomaten, 1 Möhre
2 Knoblauchzehen
2 Stangen Staudensellerie
125 ml Olivenöl (extra vergine)
1 Rosmarinzweig
schwarzer Pfeffer aus der Mühle
Zucker
1 kg mittelgroße Auberginen, Salz
300 g Mozzarella, 1 Bund Basilikum
2–3 EL Mehl
150 g frisch geriebener Parmesan

1 Die Tomaten überbrühen, häuten, halbieren und entkernen, das Fruchtfleisch in Stücke schneiden. Die Möhre und die Knoblauchzehen schälen, den Sellerie putzen und waschen, alles in sehr feine Würfel schneiden.

2 In einer Pfanne 2 Esslöffel Olivenöl erhitzen und das Gemüse darin andünsten. Tomaten, Rosmarin, Pfeffer und Zucker dazugeben und die Tomatensauce bei mittlerer Hitze etwa 1 Stunde garen. Die Sauce durch ein Sieb passieren.

3 Die Auberginen putzen, waschen und mit Küchenpapier trockentupfen. Der Länge nach in etwa 1 cm dicke Scheiben schneiden. Mit Salz bestreuen und etwa 10 Minuten ziehen lassen.

4 Den Mozzarella abtropfen lassen und in feine Scheiben schneiden. Das Basilikum waschen und trockenschütteln, die Blätter fein hacken und unter die passierte Tomatensauce mischen.

5 Die Auberginenscheiben gut trockentupfen und im Mehl wenden. Das restliche Olivenöl erhitzen und die Auberginen darin portionsweise von beiden Seiten goldbraun braten. Auf Küchenpapier abtropfen lassen. Den Backofen auf 180 °C vorheizen.

6 Die Auberginen abwechselnd mit dem Mozzarella und der Tomatensauce dachziegelartig in eine ofenfeste Form geben. Mit dem Parmesan bestreuen und im Ofen etwa 30 Minuten backen, bis der Käse gebräunt ist.

Melanzane alla parmigiana ist neben Spaghetti mit Tomatensauce Italiens populärstes Gericht: ein leichtes Sommeressen, das kalt genauso gut schmeckt wie heiß aus dem Ofen und sich daher auch für Antipasti-Büfetts ideal eignet. Auberginen gehören wie Zucchini zu den Basisprodukten der italienischen Gemüseküche. Unvergleichlich schmecken sie, wenn sie wie Pilze zubereitet werden – »al funghetto« –, also mit Knoblauch und Petersilie in Olivenöl gegart. Oder geschält, gewürfelt, in Mehl gewendet und in Olivenöl goldgelb gebraten.

PEPERONI ALL' OLIO

Marinierte Paprikaschoten

ZUTATEN FÜR 4 PERSONEN

2 grüne Paprikaschoten
je 1 rote und gelbe Paprikaschote
1 Bund Petersilie
2 Knoblauchzehen
1 kleiner Peperoncino
Salz, 200 ml Olivenöl (extra vergine)

1 Den Backofen auf 250 °C vorheizen. Die Paprikaschoten waschen, mit Küchenpapier trockentupfen und auf den Backofenrost legen. Die Schoten 10 bis 12 Minuten rösten, bis die Haut gebräunt ist und Blasen wirft. Die Paprikaschoten aus dem Ofen nehmen, mit einem feuchten Küchentuch abdecken und einige Minuten ruhen lassen.

2 Die Petersilie waschen und trockenschütteln, die Blätter von den Stielen zupfen und fein hacken. Den Knoblauch schälen und in feine Scheiben hacken. Den Peperoncino der Länge nach halbieren und entkernen. Die Peperoncinohälften waschen und in feine Streifen schneiden. Etwas Salz und 2 Esslöffel Olivenöl in einer kleinen Schüssel verrühren, über die Peperoncinostreifen geben und kurz ziehen lassen.

3 Von den abgekühlten Paprikaschoten die Haut mit einem Messer abziehen. Die Schoten der Länge nach halbieren, Trennwände und Kerne entfernen. Die Schoten innen mit Küchenpapier gut trockentupfen.

4 Die geschälten Paprikaschoten in 2 bis 3 cm dicke Streifen schneiden und auf einer Servierplatte nebeneinander anrichten. Mit den dünnen Knoblauchscheiben belegen und mit dem restlichen Olivenöl übergießen. Die gehackte Petersilie darüber verteilen und eventuell noch mit Salz bestreuen. Die eingelegten Peperoncinostreifen nach Belieben darunter mischen oder extra dazu reichen.

KÜCHENTIPP: Wenn Sie zusätzlich 2 klein geschnittene Sardellenfilets unter die Marinade rühren, schmecken die eingelegten Paprikaschoten noch würziger.

FRITTATA CON LE BIETE

Omelett mit Mangold

ZUTATEN FÜR 4 PERSONEN

1 Scheibe Brot (etwa 50 g, vom Vortag)
500 g Mangoldblätter, Salz
60 g Butter
4 Eier
½ Knoblauchzehe
50 g frisch geriebener Parmesan
frisch geriebene Muskatnuss
1 TL frisch gehackter Majoran
schwarzer Pfeffer aus der Mühle
2 TL Olivenöl (extra vergine)

1 Das Brot in kleine Stücke schneiden und in etwas lauwarmem Wasser einweichen. Die Mangoldblätter putzen, waschen und gut abtropfen lassen.

2 Die Blätter mit etwas Salz in eine Pfanne geben und dünsten, bis sie zusammenfallen. Abgießen und abtropfen lassen. Sobald die Blätter nicht mehr heiß sind, ausdrücken, dann grob hacken.

3 In einer Pfanne 20 g Butter zerlassen und die Mangoldblätter darin bei mittlerer Hitze dünsten, bis die Flüssigkeit verdampft ist. Die Mangoldblätter beiseite stellen.

4 Das eingeweichte Brot ausdrücken und in einer Schüssel mit einer Gabel zerkleinern. Die Eier und den Mangold dazugeben. Alles gut mischen. Den Knoblauch schälen und dazupressen. Parmesan, etwas Muskatnuss und den Majoran zur Mangoldmasse geben, mit Salz und Pfeffer abschmecken.

5 Die restliche Butter und das Olivenöl in einer großen Pfanne erhitzen. Sobald das Fett etwas Farbe annimmt, die Eimasse auf einmal hineingeben und von beiden Seiten ein großes Omelett daraus backen. Zum Servieren die Frittata in Stücke schneiden und nach Belieben mit frisch gehobeltem Parmesan garnieren.

KÜCHENTIPP: Frittate gibt es in allen möglichen Variationen, sie können z. B. auch mit grünen Bohnen oder Spinat zubereitet werden. Sehr gut schmecken sie mit frischen aromareichen Kräutern wie Salbei- oder Borretschblättern.

SARDE MARINATE

Marinierte Sardinen

ZUTATEN FÜR 4 PERSONEN

50 g Sultaninen, 2 große Zwiebeln
750 g frische Sardinen (küchenfertig)
2 EL Mehl
Öl zum Braten, Salz
4 EL Olivenöl (extra vergine)
250 ml milder Weißweinessig
Zimtpulver, 1 Gewürznelke
weißer Pfeffer aus der Mühle
3 EL Pinienkerne
Petersilie und Zitronenscheiben zum Garnieren

1 Die Sultaninen in lauwarmem Wasser 30 Minuten einweichen, in ein Sieb abgießen und abtropfen lassen. Die Zwiebeln schälen und in dünne Scheiben schneiden. Die Sardinen innen und außen gründlich waschen, abtrocknen und im Mehl wenden.

2 In einer breiten Pfanne reichlich Öl erhitzen, die Fische darin auf beiden Seiten bei starker Hitze knusprig braten. Die Sardinen aus der Pfanne nehmen und auf Küchenpapier gut abtropfen lassen. Auf beiden Seiten mit Salz würzen.

3 In einem Topf das Olivenöl erhitzen und die Zwiebelscheiben darin glasig dünsten. 125 ml Essig dazugießen. Mit etwas Zimt, der Gewürznelke und Pfeffer würzen. Etwa 2 Minuten bei starker Hitze offen kochen lassen, dann vom Herd nehmen.

4 Die Sardinen in eine Schüssel schichten, dabei auf jeder Lage Zwiebelscheiben, Sultaninen und 1 Esslöffel Pinienkerne verteilen, etwas Essig darüber träufeln. Mit dem restlichen Essig begießen. Die Sardinen zugedeckt an einem kühlen Ort mindestens 24 Stunden marinieren.

5 Zum Servieren die Fische aus der Marinade nehmen und in einem Sieb abtropfen lassen. In einer kleinen Pfanne die restlichen Pinienkerne ohne Fett goldgelb rösten. Die Zwiebeln aus der Marinade auf einer Servierplatte verteilen und die Sardinen darauf anrichten. Einige Sultaninen und die gerösteten Pinienkerne darüber streuen und mit Petersilie und Zitronenscheiben garnieren.

Marinade kommt von »mare«, sprich: das ganze Meer. Und alles, was im Mittelmeer schwimmt, kriecht oder krebst, das lässt sich marinieren. Im klassischen Antipasti-Repertoire rangieren die kleinen Fische ganz vorn. Große Fische eignen sich erst im hauchfeinen Carpaccio-Zuschnitt für die Marinade. Bei der Wahl des Safts, in dem die Meerestiere ziehen sollen, sind die Italiener eigentlich Puristen: Olivenöl und Zitrone, dazu vielleicht noch ein Zweig Rosmarin. Doch keine Regel ohne Ausnahme: Beim Marinieren in »agrodolce« sind der Fantasie bei der Auswahl süßer und saurer Geschmackskomponenten keine Grenzen gesetzt.

CARPACCIO DI SALMONE CON GAMBERI

Lachs-Carpaccio mit Garnelen

ZUTATEN FÜR 4 PERSONEN

300 g frisches Lachsfilet (z. B. Wildlachs)
4 EL Olivenöl (extra vergine)
Salz, weißer Pfeffer aus der Mühle
2 EL Zitronensaft
200 g geschälte Garnelen (küchenfertig)
2 Knoblauchzehen
2 Basilikumstiele
Zitronenscheiben zum Garnieren

1 Den Lachs mit Küchenpapier trockentupfen und in möglichst dünne Scheiben schneiden. Auf einem Teller 2 Esslöffel Olivenöl mit Salz, Pfeffer und Zitronensaft verrühren. Die Lachsscheiben darin wenden, kreisförmig auf Tellern anrichten und kühl stellen.

2 Die Garnelen der Länge nach halbieren, den Darm entfernen. Das restliche Olivenöl erhitzen. Den Knoblauch schälen und dazupressen, Garnelen auf beiden Seiten kurz braten, herausheben und auf den Lachsscheiben anrichten.

3 Basilikum waschen und trockenschütteln, die Blätter von den Stielen zupfen. Das Carpaccio mit Basilikumblättern und Zitronenscheiben garnieren.

KÜCHENTIPP: Sie können den Lachs auch – ebenso wie das Rinderfilet im Originalrezept – zuerst im Tiefkühlfach anfrieren lassen. Dann lässt er sich besser in dünne Scheiben schneiden.

INSALATA DI POLPO CON CAPPERI E OLIVE

Tintenfischsalat mit Kapern und schwarzen Oliven

ZUTATEN FÜR 4 PERSONEN

1 kleine Möhre
1 Stange Staudensellerie
1 Petersilienwurzel
1 l trockener Weißwein
1 Lorbeerblatt
2 Wacholderbeeren
1 TL Salz, 10 weiße Pfefferkörner
1 frischer Tintenfisch (küchenfertig)
2 Tomaten
1 rote Zwiebel
4 kleine, feste Steinpilze oder Champignons
1 EL kleine Kapern (in Lake)
2 EL kleine schwarze Oliven (in Lake)
2 EL Olivenöl (extra vergine)
etwas Zitronensaft
1 EL gehackte Kräuter (z. B. Petersilie und Basilikum)
schwarzer Pfeffer aus der Mühle

1 Möhre, Sellerie und Petersilienwurzel putzen, waschen und klein schneiden. Den Weißwein mit 1 Liter Wasser in einen großen Topf geben, das vorbereitete Gemüse sowie Lorbeerblatt, Wacholderbeeren und Salz dazugeben, etwa 30 Minuten kochen lassen. Gegen Ende der Garzeit die Pfefferkörner dazugeben.

2 Den Tintenfisch in den Sud legen und bei kleiner Hitze etwa 1 Stunde kochen. Ab und zu prüfen, ob der Tintenfisch gar ist, die Kochzeit richtet sich nach Alter und Größe des Tintenfischs. Den Tintenfisch herausnehmen und in Stücke schneiden.

3 Die Tomaten überbrühen, häuten, halbieren und entkernen, das Fruchtfleisch in Würfel schneiden. Die Zwiebel schälen und in feine Ringe schneiden. Steinpilze putzen und in feine Scheiben schneiden. Kapern und Oliven abtropfen lassen.

4 Aus Olivenöl, Zitronensaft und den gehackten Kräutern eine Vinaigrette zubereiten. Alle Salatzutaten mischen und mit der Vinaigrette marinieren. Etwas ziehen lassen. Den Salat unmittelbar vor dem Servieren mit frisch gemahlenem Pfeffer bestreuen.

CARPACCIO DI MANZO

Rohes mariniertes Rinderfilet

CARPACCIO

Das A und O eines Carpaccios sind die hauchdünnen rohen Filetscheiben. Wenn die Scheiben nach dem Aufschneiden noch zu dick sind, kann man sie einzeln zwischen geölte Frischhaltefolie legen und mit einem Nudelholz hauchdünn rollen.

ZUTATEN FÜR 4 PERSONEN

400 g Rinderfilet (vom Mittelstück)
schwarzer Pfeffer aus der Mühle
Salz
Saft von 2 Zitronen
100 ml Olivenöl (extra vergine)
frisch gehackte Petersilie und
Zitronenscheiben zum Garnieren

1 Das Rinderfilet gründlich von Haut und Fett befreien. Das Filet in Frischhaltefolie wickeln und etwa 1 Stunde ins Tiefkühlfach legen, dann mit einem scharfen Messer in hauchdünne Scheiben schneiden. Die Scheiben auf einer großen Servierplatte anordnen und mit reichlich Pfeffer bestreuen.

2 In einer Schüssel etwas Salz und den Zitronensaft gut vermischen, bis sich das Salz aufgelöst hat. Unter kräftigem Rühren langsam das Olivenöl hinzufügen, sodass sich alle Zutaten miteinander verbinden. Die Marinade gleichmäßig auf dem Fleisch verteilen.

3 Die Platte mit Frischhaltefolie luftdicht abdecken und einige Stunden kühl stellen. Von Zeit zu Zeit die Fleischscheiben wenden. Das Fleisch immer wieder mit Folie verschließen. Der Zitronensaft »gart« die Fleischscheiben, die mit der Zeit eine gräuliche, nicht sehr attraktive Farbe, gleichzeitig aber einen vorzüglichen Geschmack annehmen.

4 Zum Servieren das Carpaccio mit gehackter Petersilie, Zitronenscheiben und eventuell einigen Eisbergsalatblättern garnieren. Das Carpaccio nach Belieben mit gehobelten Parmesanspänen bestreuen.

VITELLO TONNATO

Kalbfleisch mit Thunfischsauce

ZUTATEN FÜR 6 PERSONEN

1 Möhre
1 Zwiebel
1 Stange Staudensellerie
1 Rosmarinzweig
50 g Butter
2–3 EL Öl
500 g Kalbfleisch
(aus Nuss oder Schulter)
Salz, 125 ml Fleischbrühe
Für die Sauce:
150 g Thunfisch (in Öl)
150 g Mayonnaise
30 ml Weißweinessig
1 Sardellenfilet (in Öl)
1–2 EL Kapern (in Lake)

1 Die Möhre und die Zwiebel schälen. Die Selleriestange putzen und waschen, alles in Streifen oder Scheiben schneiden.

2 In einem großen Topf den Rosmarinzweig in Butter und Öl andünsten. Das Fleischstück dazugeben und auf jeder Seite 5 Minuten anbraten. Salzen und die Brühe dazugießen. Zugedeckt 30 Minuten köcheln lassen.

3 Das Fleisch vom Herd nehmen und etwas abkühlen lassen. Dann in der Brühe zugedeckt im Kühlschrank vollständig erkalten lassen.

4 Für die Sauce den Thunfisch in einem Sieb gut abtropfen lassen. Mit Mayonnaise, Essig, Sardellenfilet und Kapern in den Mixer geben und kräftig aufschlagen. Die Thunfischsauce abschmecken, bei Bedarf mit etwas Fleischbrühe verdünnen und ebenfalls kühl stellen.

5 Das Fleisch sehr dünn aufschneiden und mit der Thunfischsauce anrichten, einige Stunden durchziehen lassen. Nach Belieben mit Kapern garniert servieren.

KAPERN

Kapern sind die Blütenknospen niedriger Dornensträucher, die im gesamten Mittelmeerraum zu Hause sind. Sie werden noch fest geschlossen gepflückt. Was nicht geerntet wird, verwandelt sich in Blüten. Kapern werden in Essig oder Salz konserviert.

ARANCINI DI RISO

Frittierte Reisbällchen

ZUTATEN FÜR 4 PERSONEN

Für den Reis:
200 g Rundkornreis, etwa 750 ml Fleischbrühe, 1 Briefchen Safranfäden
40 g Butter, 50 g frisch geriebener Parmesan, 1 kleines Ei
Für die Füllung:
1 kleine Zwiebel, 100 g Schweinefilet
1 EL Olivenöl (extra vergine), 100 g Erbsen
Salz, weißer Pfeffer aus der Mühle
100 g Provolone-Käse
Außerdem:
1 Ei, 3–4 EL Paniermehl, Öl zum Frittieren

1 Den Reis mit der Hälfte der Brühe zum Kochen bringen und wie einen Risotto garen, bis die Flüssigkeit verdampft ist. Den Safran in der restlichen Brühe auflösen und dazugeben. Den Reis garen, bis er »al dente« ist.

2 Butter und Parmesan unter den heißen Reis mischen. Etwas abkühlen lassen, dann das Ei untermischen.

3 Die Zwiebel schälen und fein hacken. Das Schweinefilet durch den Fleischwolf drehen oder in der Küchenmaschine hacken.

4 In einer Pfanne das Olivenöl erhitzen, die Zwiebeln und das Fleisch darin anbraten, bis das Fleisch gleichmäßig hell ist. Die Erbsen hinzufügen. Mit Salz und Pfeffer abschmecken und unter Rühren schmoren, bis die Erbsen gar sind.

5 Den Provolone in kleine Würfel schneiden. Etwas Reismasse auf die Handfläche geben und flach drücken. Wenig von der Fleischfüllung und etwas Käse auf den Reis geben. Die Reismasse über der Füllung zusammendrücken und zu etwa 8 Kugeln in der Größe von Orangen formen.

6 Das Ei mit einer Gabel verquirlen. Die Reiskugeln erst im Ei, dann im Paniermehl wenden. Das Öl zum Frittieren erhitzen. Es ist heiß genug, wenn an einem hölzernen Kochlöffelstiel, den man ins Öl taucht, kleine Bläschen aufsteigen.

7 Die Reiskugeln vorsichtig ins Öl gleiten lassen, etwa 3 Minuten frittieren, bis sie schön gebräunt sind. Auf Küchenpapier abtropfen lassen. Nach Belieben in Papiermanschetten setzen und mit Lorbeerblättern garnieren.

Die herzhaften Reisbällchen sind in Sizilien zu Hause, wo man sie an beinahe jedem Imbiss-Stand bekommt. Die Sizilianer essen gern auf der Straße, im Stehen oder Gehen, beiläufig und zwischendurch. Für solche »Essensspaziergänge« eignen sich die panierten Reiskugeln bestens; mit Serviette passen sie genau in eine Hand. Wörtlich sind »arancini« »kleine Orangen«. Den Bällchen fehlt diese Geschmacksrichtung freilich völlig, ihr Name bezieht sich lediglich auf ihre Größe und Form. Arancini sind eine willkommene Bereicherung für jedes Vorspeisenbüfett. Man kann sie – bis auf das Panieren! – ohne Zeitdruck vorbereiten und einfrieren.

Suppen

GLI ULTIMI TOSCANI VERI

Suppenkünstler – die letzten echten Toskaner

Sie schmecken herzhaft, sind höchst nahrhaft und duften betörend: Die meisten Suppen der Toskana sind ländlichen Ursprungs, werden aus Nudeln und Reis, aus Dinkel, Kichererbsen oder Bohnen gemacht. Aber auch aus allen frischen Gewächsen der Region, aus Kohl und Brennnesseln, Mohnblättern oder Löwenzahn und Kräutern wie Lorbeer, Thymian und Majoran – genau wie in alten Zeiten, als die armen Bauern alles verwerten mussten, was der Boden hergab.

Suppen kommen in Italien als »primo« auf den Tisch und wärmen nach den »antipasti« Magen und Gemüt.

Arme Leute, arme Suppen – reiche Leute, reiche Suppen. In der Toskana sind viele Kochrezepte historische oder soziologische Quellen. Das landwirtschaftliche System der *mezzadria*, das die Bauern nahezu im Leibeigentum aristokratischer Großgrundbesitzer hielt, wurde erst im 20. Jahrhundert abgeschafft, lebt noch fort in der Erinnerung der Älteren und in den Essgewohnheiten, die sie überliefern. *Acqua cotta* und *ribollita*, heute allseits beliebte Suppenspezialitäten, wurden dort erfunden, wo die Not Küchenmeister war, in den Katen der Bauern und Landarbeiter. »Gekochtes Wasser« und »Aufgekochtes« standen dort täglich auf dem Speiseplan.

Der Fürst Ferdinando de Medici speiste opulent: Eine *zuppa* aus Brühe vom Kapaun, mit Kalbfleischpesto, Zwiebelextrakt und vielen Eiern. Das Rezept ist in den Küchenbüchern der Florentiner Adelsfamilie notiert. In Artimino südwestlich von Florenz erbauten sich die Medici zu Beginn des 15. Jahrhunderts eine Villa, die sie ausschließlich zum Jagen besuchten. Fünfzig Damhirsche, überlieferte der Leibarzt von Ferdinando in einem Brief, wurden an einem einzigen Tag erlegt.

In der Nähe der Paggeria Medicea, im traumhaft gelegenen Traditionsrestaurant »Da Delfina«, kochen Riccardo und Carlo Betti die *zuppa alla Ferdinando* hin und wieder nach, allerdings in einer wesentlich leichteren Version des Medici-Rezepts. In der Toskana arbeiten Profiköche und Privathaushalte mit Hingabe und Leidenschaft an der Belebung, Verfeinerung und Erneuerung der heimischen Suppentradition. Dabei können sie auf einen reichen Fundus an Rezepten zurückgreifen, wie ihn kaum eine andere Region Italiens zu bieten hat. Zu zeitgenössischen Klassikern sind weniger die patrizischen als vielmehr die ländlichen Suppen geworden. Ihr heute so raffiniert anmutender Aromareichtum ist auf die einstmals kargen Lebensbedingungen der Bauern zurückzuführen. Die Leute vom Land konnten sich teure Gewürze nicht leisten und griffen daher zu den Kräutern im Wald, auf den Wiesen und am Wegesrand.

Region und Jahreszeit prägen die Suppenküche.

Neben der *acqua cotta* aus der Maremma oder der *ribollita* gehört die *pappa al pomodoro* zu den ländlichen Suppenfavoriten, ein Amalgam aus Tomaten, Brot und Brühe, das Olivenöl, Knoblauch, Basilikum und Pfeffer würzen. In der Gegend von Livorno ist der *bordatino* eine althergebrachte Suppe, ihre Basis ist ein Bohnenpüree. In der Maremma schätzt man seit Generationen Fasanenbrühe, in Lucca die *garmucia*, eine frühlingshafte Hausfrauensuppe aus Bohnen, Erbsen, Artischocken und Spargelspitzen. Die passionierten Suppenköche greifen am liebsten auf die familieninterne Überlieferung zurück. Von den Müttern oder Großmüttern lernen sie beispielsweise, dass in die *ribollita* 14 bis 15 verschiedene Wildgemüse gehören, dass dabei ein feines Gleichgewicht zwischen süßen und eher bitteren oder säuerlichen Geschmacksrichtungen herrschen muss. Patentrezepte gibt es für keine der toskanischen Suppen. Ihr wahres Wesen beziehen sie immer aus dem Boden, aus dem die passenden Zutaten kommen. Und die echten Suppenkünstler, die letzten wahren Toskaner, ziehen ihre Gemüse bevorzugt selbst und schwärmen auch am liebsten persönlich zum Kräutersammeln aus – wie in alten Zeiten.

LA SOLITA ZUPPA

Fantasie würzt das schlichteste Alltagsgericht

Überall auf der Welt wird mit Wasser gekocht, Suppen sind in allen Ländern und Kulturen die einfachsten und volkstümlichsten Speisen. In Italien bestimmen zwei Elemente den Inhalt des Suppentopfs: die Jahreszeit und die Region. Das typischste Beispiel dafür liefert die dicke Suppe *risi e bisi* aus Erbsen und Reis, ein Kultgericht der venezianischen Küche, das nur im Frühling auf den Tisch kommt, genau vom 25. April an, dem Geburtstag San Marcos, des Schutzpatrons der einstigen Seerepublik. Nur im Frühling nämlich sind die Erbsen so frisch, zart und süß, dass sie genau das richtige Aroma für *risi e bisi* haben.

Reis oder Graupen charakterisieren die Suppen aus dem Norden, Mittelitalien reichert seine Suppen mit Hülsenfrüchten oder Brot an, im Süden dominiert die intensive Geschmacksmischung von Tomaten, Knoblauch und Olivenöl. Im ganzen Land freilich ist es üblich, die Suppen zu klassifizieren als leichte *minestra*, als herzhaftere und substanzreichere *minestrone* und als Suppeneintopf *zuppa*. Ein Kapitel für sich ist die Brühe, *brodo*, aus Fleisch, Gemüse oder Fisch. *Brodo* wird zwar auch als Suppe gegessen – meist angereichert mit Teigeinlagen oder kleinen Gemüsewürfeln und mit Parmesan gewürzt –, am häufigsten aber sind Brühen Basis der Zubereitung von reichhaltigeren Suppen, Eintöpfen, *risotti* oder Schmorfleisch.

Auch dies gilt in allen Regionen: Frische Kräuter und Gemüse sind für eine gute Suppe unentbehrlich. Die Zutaten für den Nationalklassiker *minestrone* variieren nach Saison, sind in Mailand anders als in Rom oder Neapel; sie werden in den Alpen mit Butter, im Zentrum mit fettem Speck *(lardo)* oder wie im Süden mit Olivenöl angeröstet. Unerlässliche Grundlage einer jeden *minestrone* ist der *soffritto* aus fein gehackten Zwiebeln und Möhren, aus Petersilie und dem Grün von Sellerie, eine Mischung, die vor allen anderen gewürfelten Gemüsesorten im Fett anzubraten ist. *Minestrone* muss lange vor sich hin köcheln, darin sind sich die Suppenköche aller Regionen einig. Manche von ihnen meinen sogar, dass die Gemüsesuppe erst beim Aufwärmen am nächsten Tag den Gipfel des Geschmacks erreicht. Die eigenwilligste Serviermethode pflegen freilich die Köche in den Mailänder *trattorie*, zumindest während der Sommermonate. Dann füllen sie frühmorgens zubereitete, heiße *minestrone* vom Topf direkt in die Suppenteller, servieren diese jedoch frühestens zwischen 12.30 und 13 Uhr. Erst dann, so meinen sie, habe die Suppe die richtige Konsistenz und Temperatur.

ACQUA COTTA

Gemüsesuppe mit Ei und Brot

ZUTATEN FÜR 4 PERSONEN

2 Zwiebeln
4 Stangen Staudensellerie
500 g Tomaten
1 EL Rosmarinnadeln
2 EL Olivenöl (extra vergine)
Salz, schwarzer Pfeffer aus der Mühle
1 EL Butter
8 Scheiben Weißbrot (vom Vortag)
4 Eier
2 EL frisch gehackte Petersilie

1 Die Zwiebeln schälen und fein hacken. Den Staudensellerie putzen und waschen, wenn nötig, die Fäden abziehen. Die Stangen in feine Scheiben schneiden. Die Tomaten überbrühen, häuten, halbieren und entkernen, das Fruchtfleisch in kleine Würfel schneiden. Die Rosmarinnadeln fein hacken.

2 In einem großen Topf das Olivenöl erhitzen und die Zwiebeln darin bei mittlerer Hitze glasig dünsten. Die Sellerie- und Tomatenstücke dazugeben und unter Rühren etwa 10 Minuten schmoren, bis die Tomatenstücke zerfallen sind. Ungefähr 1 Liter Wasser und die gehackten Rosmarinnadeln dazugeben. Die Suppe mit Salz und Pfeffer abschmecken, einmal aufkochen und 15 Minuten köcheln lassen.

3 In einer Pfanne die Butter zerlassen und die Weißbrotscheiben darin auf beiden Seiten goldgelb rösten. Die gerösteten Brote in Suppenteller legen, die Eier verquirlen und über die Brote geben. Die heiße Suppe darüber schöpfen und mit gehackter Petersilie bestreut servieren.

KÜCHENTIPP: »Acqua cotta« heißt wörtlich übersetzt »gekochtes Wasser«. Ganz im Gegenteil handelt es sich aber um eine sehr reichhaltige Suppe – je nach Region und Jahreszeit werden die verschiedensten Gemüsesorten in Italien dafür verwendet.

CANÈDERLI IN BRODO

Speckknödelsuppe

Zutaten für 4 Personen

250 g Weißbrot oder Brötchen (vom Vortag)
3 Eier
250 ml Milch
1 Zwiebel
100 g durchwachsener Räucherspeck
1 Bund Petersilie
50 g Salami
6 EL Mehl
Salz, schwarzer Pfeffer aus der Mühle
frisch geriebene Muskatnuss
1,5 l kräftige Fleischbrühe

1 Das Weißbrot oder die Brötchen in Würfel schneiden und in eine Schüssel geben. Eier und Milch miteinander verquirlen und über die Brotwürfel gießen. 20 Minuten ziehen lassen.

2 Die Zwiebel schälen und wie den Speck in kleine Würfel schneiden. Die Petersilie waschen und trockenschütteln, die Blätter von den Stielen zupfen und hacken. In einer kleinen Pfanne den Speck auslassen, die Zwiebeln und die Hälfte der gehackten Petersilie hineinrühren und etwa 2 Minuten mitdünsten.

3 Die Salami in Würfel schneiden. Zusammen mit der restlichen gehackten Petersilie unter die Speckmischung rühren. Das eingeweichte Brot und das Mehl untermengen und die Masse mit Salz, Pfeffer und Muskatnuss würzen.

4 Die Brühe aufkochen. Mit angefeuchteten Händen etwa 8 Knödel aus der Speck-Brot-Masse formen und in der siedenden Brühe 10 bis 15 Minuten gar ziehen lassen. Die Speckknödel mit der Brühe auf Teller verteilen und nach Belieben mit Schnittlauch bestreut servieren.

CREMA DI ZUCCHINI

Zucchinicremesuppe

ZUTATEN FÜR 4 PERSONEN

Für die Zucchiniblüten:
8 Zucchiniblüten
75 g Parmaschinken, 3 mittelgroße weiße Zwiebeln
2 Knoblauchzehen, 80 g Aubergine
200 g Paprikaschoten (rot, gelb oder grün)
100 g Tomaten, 3 EL Olivenöl (extra vergine)
Salz, schwarzer Pfeffer aus der Mühle
1 EL frisch gehackte Kräuter
(z. B. Salbei, Petersilie oder Thymian)
Für die Suppe:
3 Zucchini (etwa 450 g), 40 g Butter
600 ml Kalbsfond, 1 Thymianzweig
Salz, schwarzer Pfeffer aus der Mühle
125 g Sahne

1 Von den Zucchiniblüten die Blütenstempel entfernen, die Blüten kurz in kaltes Wasser tauchen und mit Küchenpapier vorsichtig trockentupfen. Den Schinken in feine Würfel schneiden. Je 1 Zwiebel und Knoblauchzehe schälen. Aubergine putzen und waschen. Die Paprikaschoten der Länge nach halbieren, Trennwände und Kerne entfernen, die Schotenhälften waschen. Tomaten überbrühen, häuten, halbieren und entkernen. Das Gemüse in feine Würfel schneiden.

2 Das Olivenöl erhitzen, Schinken, Zwiebel und Knoblauch darin andünsten. Aubergine und Paprika 1 bis 2 Minuten mitgaren. Die Tomaten untermischen und alles bei kleiner Hitze 10 Minuten dünsten. Salzen, pfeffern und die Kräuter hineinstreuen. Abkühlen lassen. Die Masse mit einem Teelöffel in die Zucchiniblüten füllen. Die Blütenspitzen fest zusammendrehen.

3 Die Zucchini putzen und waschen. Von einer Frucht mit dem Sparschäler Streifen abziehen und beiseite legen. Die restlichen Zucchini in etwa 1 cm große Stücke schneiden. 2 Zwiebeln und 1 Knoblauchzehe schälen und fein hacken.

4 Die Butter in einem Topf zerlassen, Zucchiniwürfel, Knoblauch und Zwiebeln darin 3 bis 4 Minuten andünsten. Den Kalbsfond dazugießen, den Thymianzweig hineinlegen, mit Salz und Pfeffer würzen. Die Suppe zugedeckt 15 Minuten köcheln lassen.

5 Den Thymianzweig entfernen und die Suppe mit dem Stabmixer fein pürieren. Die Sahne unterrühren und die Suppe weitere 10 Minuten köcheln lassen. Mit Salz und Pfeffer kräftig abschmecken.

6 Die Zucchinistreifen in kochendem Salzwasser 3 bis 4 Minuten blanchieren, herausnehmen, gut abtropfen lassen und in die Suppe geben. Die Suppe warm halten.

7 Die gefüllten Zucchiniblüten in Frischhaltefolie wickeln, mit Küchengarn verschließen und in siedendem Wasser 5 Minuten ziehen lassen. Die Zucchiniblüten mit einem Schaumlöffel aus dem Wasser heben und die Frischhaltefolie entfernen. Die Cremesuppe auf Teller verteilen und mit jeweils 2 gefüllten Zucchiniblüten anrichten.

PAPPA AL POMODORO

Sämige Tomatensuppe

ZUTATEN FÜR 4 PERSONEN

600 g reife Tomaten
350 g Weißbrot (vom Vortag)
2 Knoblauchzehen
1 Bund Basilikum
5 EL Olivenöl (extra vergine)
1,25 l heiße Fleischbrühe
Salz, schwarzer Pfeffer aus der Mühle

1 Die Tomaten überbrühen, häuten, halbieren und entkernen, das Fruchtfleisch klein schneiden. Das Brot entrinden und klein schneiden, den Knoblauch schälen und hacken. Basilikum waschen und trockenschütteln, die Blätter von den Stielen zupfen.

2 In einem großen Topf das Olivenöl erhitzen, den Knoblauch darin andünsten. Das Brot dazugeben und unter häufigem Wenden das Öl aufsaugen lassen. Die Tomaten kurz mitschmoren.

3 Die heiße Brühe und die Basilikumblätter hinzufügen, leicht salzen und pfeffern. Die Tomatensuppe etwa 30 Minuten zugedeckt köcheln lassen, dabei gelegentlich umrühren. Das Brot muss sich völlig auflösen.

4 Die Suppe nochmals mit Salz und Pfeffer abschmecken. Die Basilikumblätter eventuell herausnehmen und nach Belieben einige Tropfen Olivenöl über die Suppe träufeln. Heiß servieren.

CIPOLLATA

Zwiebelsuppe aus Umbrien

ZUTATEN FÜR 4 PERSONEN

500 g weiße Zwiebeln
1 EL Schweineschmalz oder Öl
1,25 l Fleisch- oder Knochenbrühe
1/2 TL getrockneter Majoran
Cayennepfeffer
4 Scheiben Weißbrot, 2 EL Butter
3 EL frisch geriebener Pecorino

1 Die Zwiebeln schälen und in Scheiben schneiden. Das Schweineschmalz oder das Öl in einem Topf erhitzen. Die Zwiebeln hinzufügen und darin andünsten.

2 Die Brühe dazugießen und aufkochen. Majoran und Cayennepfeffer dazugeben. Zugedeckt bei kleiner Hitze 1 1/2 Stunden köcheln lassen.

3 Inzwischen die Brotscheiben in Würfel schneiden, in der Butter goldgelb braten und in Suppenteller verteilen. Die heiße Suppe darüber gießen und mit dem Pecorino bestreut servieren.

KÜCHENTIPP: Sehr gut schmeckt auch klein geschnittener Pancetta in der Zwiebelsuppe. Sie können auch nur 1 Liter Brühe verwenden und die Suppe zusätzlich mit 500 g gehäuteten, klein geschnittenen Tomaten auffüllen.

ZUPPA DI PATATE E PORRI

Kartoffel-Lauch-Suppe

Zutaten für 4 Personen

2 Stangen Lauch, 400 g Kartoffeln
50 g durchwachsener Räucherspeck
1 Knoblauchzehe
1 EL Olivenöl (extra vergine), 1 Lorbeerblatt
einige Salbeiblätter, 1,5 l heiße Fleisch- oder Gemüsebrühe
150 g Reis oder Suppennudeln
Salz, 1 TL Butter

1 Den Lauch putzen, waschen und in feine Ringe schneiden. Die Kartoffeln waschen, schälen und in kleine Stücke schneiden. Den Speck in kleine Würfel schneiden. Den Knoblauch schälen und fein hacken.

2 Lauch, Knoblauch und Speck im heißen Olivenöl andünsten, die Kartoffeln hinzugeben. Alles vermischen und einige Minuten weiterschmoren lassen. Lorbeer, Salbeiblätter und heiße Brühe hinzufügen und die Suppe zugedeckt etwa 20 Minuten bei kleiner Hitze köcheln lassen, bis die Kartoffeln gar sind.

3 Den Reis oder die Nudeln dazugeben und etwa 15 Minuten in der Suppe »al dente« kochen. Salzen und die Butter hinzufügen, nach Belieben mit Parmesan und Petersilie bestreuen.

MINESTRONE D'ORZO

Gerstensuppe

Zutaten für 4 Personen

1 Zwiebel, 2 Möhren
1 Stange Staudensellerie, 1 Bund Petersilie
100 g durchwachsener Räucherspeck
150 g grobe Rollgerste oder Perlgraupen
(aus dem Reformhaus)
2 l Fleischbrühe
4 EL Olivenöl (extra vergine)
je 1 Majoran- und Rosmarinzweig
2 kleine Kartoffeln

1 Die Zwiebel schälen und in Ringe schneiden. Die Möhren putzen und schälen, den Sellerie putzen und waschen. Beides in Scheiben schneiden. Petersilie waschen und trockenschütteln, die Blätter von den Stielen zupfen und wie den Speck fein hacken. Die Rollgerste in einem großen Topf mit der Fleischbrühe aufkochen.

2 In einer Pfanne das Olivenöl erhitzen, Sellerie, Speck und Petersilie darin kurz braten, dann mit den Zwiebeln und Möhren zu der Gerste geben. Die Suppe mit Majoran und Rosmarin würzen und zugedeckt bei kleiner Hitze etwa 3 Stunden köcheln lassen.

3 Kartoffeln waschen, schälen und in Würfel schneiden. 15 Minuten vor Ende der Garzeit in die Suppe geben und darin weich garen. Die Suppe nach Belieben mit Parmesan bestreut servieren.

Pasta e fagioli

Nudelsuppe mit Bohnen

Getrocknete Bohnen

Bohnen sind in ganz Italien sehr beliebt, doch wird nicht in jeder Gegend die gleiche Sorte verwendet. In der Toskana bevorzugt man z. B. die kleinen weißen Cannellini-Bohnen. Die gesprenkelten Borlotti-Bohnen gehören überall zur Minestrone.

Zutaten für 4 Personen

300 g große weiße Bohnen
1 Zwiebel
50 g durchwachsener Räucherspeck
2 EL Olivenöl (extra vergine)
1,5 l Fleischbrühe
Salz
schwarzer Pfeffer aus der Mühle
200 g Tomaten
200 g Nudeln (z. B. Orecchiette, Maccheroni oder Penne)

1 Die Bohnen einige Stunden – am besten über Nacht – in Wasser einweichen. Das Wasser abgießen. Die Zwiebel schälen und wie den Speck in Würfel schneiden.

2 Das Olivenöl erhitzen und die Zwiebel- und Speckwürfel darin glasig dünsten. Bohnen dazugeben und mit der Fleischbrühe aufgießen.

3 Die Bohnen zugedeckt bei kleiner Hitze etwa 2 Stunden köcheln lassen, bis sie weich sind. Salzen und pfeffern. Die Tomaten waschen und halbieren. Stielansätze und Kerne entfernen und das Fruchtfleisch in Würfel schneiden. Die Tomatenstücke zur Bohnensuppe geben.

4 Von der Suppe 2 Schöpflöffel abnehmen, mit dem Stabmixer pürieren und wieder in die Suppe geben. Die Nudeln in die Suppe geben und darin »al dente« garen. Dieser Nudel-Bohnen-Eintopf schmeckt warm und kalt.

Küchentipp: Sie können auch noch andere Gemüsesorten wie Möhren, Lauch und Staudensellerie zur Suppe geben und diese zum Schluss mit frisch geriebenem Parmesan und gehackter Petersilie bestreuen.

MINESTRA DI FAVE

Römische Bohnensuppe

ZUTATEN FÜR 4 PERSONEN

1 kleine Zwiebel, 1 Knoblauchzehe
½ Stange Staudensellerie
½ Bund Petersilie
100 g Pancetta (Speck)
100 g Tomaten
Salz, schwarzer Peffer aus der Mühle
200 g frische, ausgepalte dicke Bohnen
1,5 l Gemüsebrühe
150 g Cannolicchietti oder
eine andere kleine Nudelsorte
2 EL frisch geriebener Pecorino

1 Zwiebel und Knoblauch schälen, Sellerie putzen und waschen. Petersilie waschen und trockenschütteln, die Blätter von den Stielen zupfen. Pancetta, Zwiebel und Sellerie klein schneiden, Knoblauch und Petersilie hacken. Tomaten überbrühen, häuten, halbieren und entkernen, das Fruchtfleisch klein schneiden.

2 In einem Topf den Pancetta auslassen, Zwiebeln, Knoblauch, Sellerie und Petersilie darin bei kleiner Hitze andünsten. Die Tomaten hinzufügen, mit Salz und Pfeffer würzen und alles 10 Minuten köcheln.

3 Die dicken Bohnen dazugeben und gut untermischen. Die Brühe dazugießen, alles aufkochen und etwa 20 Minuten köcheln lassen. 8 Minuten vor Garzeitende die Nudeln hinzufügen und in der Suppe »al dente« kochen.

4 Die Suppe vom Herd nehmen und mit dem Pecorino bestreuen. Vor dem Servieren kurz ruhen lassen.

KÜCHENTIPP: Diese Gemüsesuppe mit frischen, zarten Bohnenkernen ist die typische Ostersuppe in der römischen Küche. Sind die dicken Bohnen schon etwas älter, empfiehlt es sich, sie vor dem Kochen zu häuten.

TOMATEN

Wegen ihrer Vielseitigkeit schätzt man in Italien am meisten die Flaschentomate – »pomodoro di San Marzano«. Sie ist fleischig, hat wenig Kerne und ein angenehm süßsaures Aroma. Sie schmeckt sehr gut roh und ist für Suppen und Saucen optimal.

ZUPPA DI LENTICCHIE

Linsensuppe

ZUTATEN FÜR 4 PERSONEN

400 g getrocknete braune Linsen
25 g getrocknete Steinpilze
1 kleine Zwiebel
1 Stange Staudensellerie
1 Salbeizweig
2 Knoblauchzehen
100 g Tomaten (frisch oder aus der Dose)
3 EL Olivenöl (extra vergine)
1,5 l Gemüsebrühe
1 Lorbeerblatt
250 g Weißbrot (vom Vortag)
Salz, Cayennepfeffer
frisch geriebener Parmesan

1 Die Linsen gründlich waschen, etwa 1 Stunde in Wasser einweichen und abgießen. Die getrockneten Pilze etwa 15 Minuten in 1 Tasse warmem Wasser einweichen. In ein Sieb abgießen und das Einweichwasser auffangen.

2 Die Zwiebel schälen, den Sellerie putzen und waschen, beides klein schneiden. Die Salbeiblätter abzupfen und wie die eingeweichten Pilze fein hacken. Den Knoblauch schälen und ebenfalls fein hacken. Tomaten überbrühen, häuten, halbieren und entkernen, das Fruchtfleisch klein schneiden. Tomaten aus der Dose in einem Sieb abtropfen lassen.

3 In einem Topf 2 Esslöffel Olivenöl erhitzen und Zwiebeln, Sellerie, Salbei und Pilze darin andünsten. Den Knoblauch dazugeben und mitdünsten, aber nicht braun werden lassen. Den Backofen auf 200 °C vorheizen.

4 Die eingeweichten Linsen, die Brühe, die Tomaten, das Pilzeinweichwasser und das Lorbeerblatt hinzufügen und die Suppe zugedeckt etwa 30 Minuten bei mittlerer Hitze köcheln lassen. Inzwischen das Brot in Scheiben schneiden, mit dem restlichen Olivenöl beträufeln und im Backofen rösten.

5 Die Linsensuppe mit Salz abschmecken und noch etwa 20 bis 30 Minuten weiterköcheln lassen. Die Garzeit hängt von der Linsensorte ab – die Linsen sollten nicht zerfallen, sondern noch etwas Biss behalten.

6 Zum Schluss die Suppe noch einmal mit Salz und Cayennepfeffer abschmecken und heiß servieren. Dazu das geröstete Brot, geriebenen Parmesan und nach Belieben etwas Olivenöl zum Beträufeln reichen.

MINESTRA DI CASTAGNE

Kastaniensuppe

ZUTATEN FÜR 4 PERSONEN

400 g geschälte, gekochte Esskastanien
(aus der Dose oder Vakuumpackung)
3 EL Butter, 1 l heiße Gemüsebrühe
125 ml Weißwein, 100 g Reis
50 g Fontina-Käse oder Rohmilch-Bergkäse
Salz, schwarzer Pfeffer aus der Mühle
Zimtpulver

1 Von den Kastanien 4 Stück beiseite legen, die restlichen grob hacken. In einem Topf die Hälfte der Butter zerlassen und die gehackten Kastanien darin bei mittlerer Hitze 5 Minuten andünsten. Mit heißer Brühe und Wein aufgießen und 5 Minuten köcheln lassen. Mit dem Stabmixer pürieren. Den Reis hineinstreuen und die Suppe etwa 15 Minuten bei schwacher Hitze garen.

2 Den Käse grob reiben und mit der restlichen Butter unter die Suppe rühren, salzen und pfeffern. Die übrigen Esskastanien halbieren. Die Suppe auf Teller verteilen, die Kastanienhälften hineingeben mit etwas Zimt bestäuben. Sofort servieren.

MINESTRA DI CARCIOFI

Artischockensuppe

ZUTATEN FÜR 4 PERSONEN

4 junge Artischocken, Saft von 1 ½ Zitronen
1 Knoblauchzehe, 2 Frühlingszwiebeln
1 EL Olivenöl (extra vergine)
1 Lorbeerblatt, 1 Salbeizweig
1,5 l heiße Fleisch- oder Gemüsebrühe
Salz, schwarzer Pfeffer aus der Mühle
150 g Reis, 1 EL Butter
50 g frisch geriebener Parmesan
1 EL frisch gehackte Petersilie

1 Von den Artischocken die harten Außenblätter und die Blattspitzen entfernen. Die Stielenden kürzen und großzügig schälen. Die Artischocken der Länge nach halbieren und in dünne Scheiben schneiden. Den Saft von 1 Zitrone in eine Schüssel mit Wasser geben und die Artischockenscheiben sofort hineinlegen.

2 Den Knoblauch schälen und fein hacken. Frühlingszwiebeln putzen, waschen, fein hacken und im heißen Olivenöl andünsten. Die Artischocken abgießen und mit dem restlichen Zitronensaft dazugeben. Einige Minuten bei kleiner Hitze schmoren lassen.

3 Lorbeer, Salbeiblätter, Knoblauch und die heiße Brühe hinzufügen und die Suppe etwa 20 Minuten zugedeckt köcheln lassen. Mit Salz und Pfeffer würzen. Reis hinzufügen und 15 Minuten in der Suppe garen. Die Butter hinzufügen. Die Suppe mit Parmesan und Petersilie bestreuen und heiß servieren.

MINESTRONE ALLA MILANESE

Gemüsesuppe auf Mailänder Art

ZUTATEN FÜR 4 PERSONEN

150 g getrocknete Bohnen
(kleine Borlotti- oder Kidney-Bohnen)
1 Zwiebel, 1 Stange Staudensellerie
2 EL Butter, 1 EL Olivenöl (extra vergine)
1 EL Tomatenmark, etwa 1 ½ l Fleischbrühe
1 Stange Lauch
je 2 kleine Möhren, Zucchini und Kartoffeln
¼ Kopf Wirsing
200 g Erbsen (frisch oder tiefgekühlt)
1 Knoblauchzehe, 1 Bund Petersilie
2 Salbeiblätter
75 g durchwachsener Räucherspeck, 100–150 g Reis
Salz, schwarzer Pfeffer aus der Mühle
3 EL frisch geriebener Parmesan

1 Die Bohnen einige Stunden – am besten über Nacht – in Wasser einweichen. Die Zwiebel schälen und fein hacken. Den Sellerie putzen, waschen und in Scheiben schneiden.

2 In einem Topf die Butter und das Olivenöl erhitzen. Zwiebeln und Sellerie darin 5 Minuten anbraten. Das Tomatenmark mit 250 ml Brühe verrühren und dazugießen. Die eingeweichten Bohnen abgießen, dazugeben und die Suppe zum Kochen bringen.

3 Den Lauch putzen, waschen und in feine Scheiben schneiden. Möhren putzen und schälen, Zucchini putzen und waschen, Kartoffeln schälen. Möhren, Zucchini und Kartoffeln in kleine Würfel schneiden. Wirsing putzen, waschen und in feine Streifen schneiden. Das Gemüse mit den Erbsen zur Suppe geben und zugedeckt bei kleiner Hitze langsam aufkochen lassen.

4 Inzwischen den Knoblauch schälen. Die Petersilie waschen und trockenschütteln. Knoblauch, Petersilien- und Salbeiblätter sowie den Speck mit dem Wiegemesser so fein hacken, dass eine Paste entsteht. Nach gut 2 Stunden Kochzeit die restliche Brühe dazugießen. Die Speckpaste unter die Suppe rühren. Nach 15 Minuten den Reis in die Suppe geben und darin bei mittlerer Hitze »al dente« garen. Zum Schluss die Suppe mit Salz und Pfeffer abschmecken und mit Parmesan bestreut servieren.

RIBOLLITA

Bohnensuppe aus der Toskana

ZUTATEN FÜR 4 BIS 6 PERSONEN

300 g getrocknete weiße Bohnen (Cannellini)
etwa 1 l Fleischbrühe
2 Zwiebeln, 3 Knoblauchzehen
1 Möhre, je 2 Stangen Staudensellerie und Lauch
1/2 Peperoncino, 100 ml Olivenöl (extra vergine)
1 EL Rosmarinnadeln
Salz, weißer Pfeffer aus der Mühle
1/2 Bund Thymian, 8 kleine Weißbrotscheiben
60 g frisch geriebener Parmesan

1 Bohnen einige Stunden – am besten über Nacht – in Wasser einweichen. Abgießen und das Einweichwasser mit der Fleischbrühe auf 1,5 Liter auffüllen.

2 Je 1 Zwiebel und Knoblauchzehe schälen und hacken. Möhre putzen und schälen, Lauch und Sellerie putzen und waschen. Das Gemüse in kleine Würfel schneiden. Peperoncino der Länge nach halbieren, entkernen und waschen.

3 In einem großen Topf 2 Esslöffel Olivenöl erhitzen, Zwiebeln, Knoblauch und Gemüse darin andünsten. Bohnen mit der Flüssigkeit, Rosmarinnadeln und Peperoncino dazugeben. Die Suppe zugedeckt bei mittlerer Hitze 1 bis 1 1/2 Stunden köcheln lassen, bis die Bohnen gar sind.

4 Inzwischen den restlichen Knoblauch schälen und fein hacken. Den Thymian waschen, die Blättchen abzupfen und mit dem Knoblauch unter das restliche Olivenöl mischen. Die zweite Zwiebel schälen und in feine Scheiben schneiden.

5 Die Hälfte der Bohnensuppe mit Peperoncino pürieren und wieder untermischen. Mit Salz und Pfeffer abschmecken und die Hälfte des Würzöls dazugeben. Backofen auf 200 °C vorheizen.

6 Die Brotscheiben in einen großen ofenfesten Topf geben und mit der Hälfte des Parmesans bestreuen. Das restliche Würzöl darauf verteilen. Die Suppe darüber geben, mit Zwiebelscheiben und dem restlichen Käse bedecken. Die Suppe im Backofen etwa 25 Minuten überbacken, bis die Zwiebeln leicht gebräunt sind.

ZUPPA DI COZZE

Muschelsuppe

ZUTATEN FÜR 4 BIS 6 PERSONEN

3 kg Miesmuscheln
Salz, 150 ml Weißwein
1 fein gehackte Knoblauchzehe
1 frischer oder getrockneter Peperoncino
250 g passierte Tomaten
3 EL weiche Butter, 40 g Mehl
1,5 l heißer Fischfond, 1 EL frisch gehackte Petersilie
250 g Weißbrot (vom Vortag)
1 EL Olivenöl (extra vergine)
Salz, schwarzer Pfeffer aus der Mühle

1 Die Muscheln unter fließendem Wasser gründlich abbürsten, beschädigte oder geöffnete Muscheln aussortieren. Die Muscheln 30 Minuten in eine große Schüssel mit Salzwasser geben.

2 Die Muscheln abgießen, erneut waschen und mit Wein, Knoblauch, Peperoncino und passierten Tomaten etwa 10 Minuten zugedeckt garen, bis alle Muscheln sich geöffnet haben. Ungeöffnete Muscheln wiederum aussortieren. Butter und Mehl zu einer geschmeidigen Masse verkneten. Backofen auf 200 °C vorheizen.

3 Muscheln aus den Schalen lösen und in einen Topf geben. Kochsud durch ein Sieb gießen und hinzufügen. Den heißen Fischfond dazugießen, Petersilie und Mehlbutter einrühren. Zugedeckt weitere 10 Minuten köcheln lassen. Das Brot in Scheiben schneiden und mit Olivenöl beträufelt kurz im Ofen rösten. Die Suppe mit Salz und Pfeffer abschmecken, mit dem Brot servieren.

ZUPPA DI GARUSI

Suppe mit Meeresschnecken

ZUTATEN FÜR 4 PERSONEN

1 kg Meeresschnecken
(ersatzweise Muscheln)
500 g Erbsen (frisch oder tiefgekühlt)
1 l Gemüsebrühe
2 kleine Zwiebeln
1 Stange Lauch
1 EL Butter

1 Die Meeresschnecken gründlich waschen und in reichlich Salzwasser 10 bis 15 Minuten kochen. Abgießen, das Schneckenfleisch aus den Gehäusen lösen und fein hacken.

2 In einem Topf die gewaschenen Erbsen in der Brühe weich kochen. Die Suppe durch ein Sieb passieren und einköcheln lassen. Zwiebeln schälen, Lauch putzen und waschen, beides hacken.

3 In einer Pfanne die Butter zerlassen und Zwiebeln und Lauch darin andünsten. Das Schneckenfleisch hinzufügen, kurz darin schwenken und alles in die Suppe geben. Heiß servieren.

ZUPPA DI PESCE

Fischsuppe mit Gemüse

ZUTATEN FÜR 4 PERSONEN

500 g reife Tomaten, 3 Möhren
500 g kleine Zucchini, 2 Stangen Staudensellerie
2–3 Knoblauchzehen
3 EL Olivenöl (extra vergine)
400 ml Fischfond, 100 ml Weißwein
½ unbehandelte Zitrone
Salz, schwarzer Pfeffer aus der Mühle
1 Briefchen Safranfäden
500 g Fischfilet (z. B. Seeteufel, Knurrhahn oder Goldbarsch)
100 g kleine geschälte Garnelen (küchenfertig)

1 Tomaten überbrühen, häuten, halbieren und entkernen, das Fruchtfleisch klein schneiden. Möhren schälen und in Scheiben schneiden. Zucchini putzen, waschen und in 1 cm breite Scheiben schneiden. Sellerie putzen, waschen und in feine Streifen schneiden. Knoblauch schälen und fein hacken.

2 In einem Topf 1 Esslöffel Olivenöl erhitzen. Knoblauch, Möhren, Zucchini und Sellerie darin andünsten. Fischfond, Wein und 300 ml Wasser dazugießen, Tomaten und 2 Zitronenscheiben unterrühren, mit Salz, Pfeffer und Safran würzen. Bei mittlerer Hitze 10 Minuten köcheln lassen.

3 Fischfilet in Stücke schneiden, mit Garnelen und restlichem Olivenöl in den Eintopf geben. 3 bis 4 Minuten ziehen lassen. Mit Zitronensaft, Salz und Pfeffer abschmecken.

CAPPON MAGRO

Ligurischer Gemüse-Fisch-Topf

ZUTATEN FÜR 4 PERSONEN

200 g Jakobsmuschelfleisch
200 g Merlanfilet
150 g frische Sardinen (küchenfertig), 1 l Fischfond
2 Sardellenfilets (in Salz)
je 200 g Blumenkohl und Brokkoli
100 g Prinzessbohnen, 1 Fenchelknolle
3 Möhren, 3 Stangen Staudensellerie
2 Zwiebeln, 1 Zucchino
200 ml Gemüsebrühe, 3 EL Weißweinessig
4 Scheiben Weißbrot (vom Vortag)
4 EL Pesto (siehe Seite 103), 3 EL Olivenöl (extra vergine)
schwarzer Pfeffer aus der Mühle

1 Muschelfleisch, Merlan und Sardinen in dem Fischfond bei mittlerer Hitze 15 Minuten gar ziehen lassen. Die Sardellenfilets unter fließendem kaltem Wasser abspülen und trockentupfen. Das Gemüse putzen bzw. schälen, waschen, grob zerkleinern und in Salzwasser knapp gar kochen. Alles etwas abkühlen lassen.

2 Die Gemüsebrühe erhitzen und mit 2 Esslöffeln Essig vermischen. Die Brotscheiben kurz in die Gemüsebrühe tauchen. Die getränkten Brotscheiben auf Teller verteilen, je 1 Esslöffel Pesto darauf geben und die lauwarmen Fische und das Gemüse darauf anrichten.

3 Die Sardellenfilets fein zerkleinern, mit 1 Esslöffel Essig und dem Olivenöl mischen und über die Fische und das Gemüse gießen. Mit Pfeffer abschmecken und nach Belieben mit frischen Kräutern garniert servieren.

ZUPPA DI PESCE SENZA SPINE

Suppe aus grätenlosen Meerestieren

ZUTATEN FÜR 4 PERSONEN

200 g Krake, 200 g Kalmare
200 g Tintenfisch, 200 g geschälte Garnelen (küchenfertig)
800 g Miesmuscheln, 400 g Venusmuscheln
100 ml Olivenöl (extra vergine), 2 Knoblauchzehen
400 g geschälte Tomaten (aus der Dose)
200 ml trockener Weißwein
1 Bund Petersilie
4 Scheiben Weißbrot
Salz, schwarzer Pfeffer aus der Mühle

1 Krake, Kalmare, Tintenfisch und Garnelen unter fließendem kaltem Wasser waschen und mit Küchenpapier gründlich trockentupfen. Krake, falls nötig, klein schneiden, Kalmare und Tintenfisch in Ringe schneiden.

2 Die Muscheln ebenfalls unter fließendem kaltem Wasser gründlich abbürsten, dabei beschädigte oder geöffnete Muscheln aussortieren.

3 Die Muscheln mit 2 Esslöffeln Olivenöl in einen Topf geben, zudecken und erhitzen, bis sich die Schalen öffnen. Ungeöffnete Muscheln aussortieren. Das Muschelfleisch aus den Schalen lösen und beiseite stellen. Den Muschelsud im Topf lassen, damit etwaige Sandpartikel auf den Boden sinken.

4 Den Knoblauch schälen. Die Tomaten abtropfen lassen und klein schneiden. Das restliche Olivenöl in einem zweiten Topf mit 1 Knoblauchzehe und den Tomaten ohne Saft andünsten lassen. Nach 2 Minuten den Wein dazugießen und die Suppe 10 Minuten köcheln lassen. Krake und Tintenfischringe hinzufügen und in der Suppe 30 Minuten garen.

5 Die Kalmare und einige Minuten später die Garnelen dazugeben. Die Suppe nochmals 3 bis 4 Minuten kochen, bis die Garnelen gar sind.

6 Den Muschelsud hinzufügen, falls er noch sandig ist, vorher durch ein Sieb gießen. Die Suppe soll sämig sein. Zuletzt die Muscheln und den restlichen fein gehackten Knoblauch dazugeben. Die Petersilie waschen und trockenschütteln, die Blätter hacken und ebenfalls hinzufügen. Nochmals zum Kochen bringen.

7 Die Brotscheiben im Toaster oder unter dem Backofengrill goldgelb rösten. Die Suppe mit Salz und Pfeffer abschmecken. Die Brotscheiben in Suppenteller setzen und die Fischsuppe darüber verteilen oder das Brot dazu reichen.

Weinbau ist in Italien seit rund 3000 Jahren nachgewiesen. Kein Wunder also, dass Wein in Italien immer schon mehr als ein Getränk gewesen ist – ein Lebensmittel, und als solches unverzichtbar in der Küche. Die regionale Vielfalt der Reben spiegelt sich auch in den Kochtöpfen wider: Einen Risotto aus Venetien würzt leichter Prosecco, einen aus Piemont der schwere Barolo. »Sughi« und Ragouts nicht zu vergessen: Sie müssen stundenlang köcheln und ständig mit Wein abgelöscht werden. Und zwar nur mit gutem, am besten mit dem, den man später zu dem Gericht auch trinkt.

Pasta

LA DONNA È MOBILE

Pastamachen – Domäne der Frauen

Jede Hausfrau, die auf sich hielt, stand in früheren Zeiten schon morgens am Nudelbrett, um *tagliatelle*, *strangolapreti*, *gnocchi* oder *ravioli* für den Mittagstisch zu bereiten. Manche Töchter dieser emsigen *signore* haben die Pasta als erfolgreiche Küchenchefinnen oder tüchtige Geschäftsfrauen zu ihrem Lebensinhalt gemacht. Und halten so auch für die nächste Generation die Überlieferungen des Nudeldrehens lebendig.

Der ausgerollte Nudelteig lässt sich am besten mit einem Teigrädchen mit gezacktem Rand zuschneiden.

Maria Salcuni, aus Apulien gebürtig, hat mit ihren Kochkünsten den einst einfachen Familienbetrieb »La Tenda Rossa« im toskanischen San Casciano in Val di Pesa in die Spitzengruppe der italienischen Gastronomie geführt. Sehr viel weiter nördlich, im Piemonteser Dörfchen Neive, hat die Autodidaktin Claudia Verro als Küchenchefin dem mit Ehemann Tonino gegründeten Restaurant »La Contea« ebenfalls einen Platz auf den vorderen Rängen erkocht. So unterschiedlich ihre Kreationen auch sind, die Spitzenköchinnen haben eine gemeinsame Leidenschaft, die Pasta. Beide haben die Begeisterung und die Tricks fürs Kneten, Ausrollen und Formen von Teig von ihren Großmüttern und Müttern gelernt, beide haben ihre Restaurantküchen mit eigenen Abteilungen für die Produktion von *pasta fresca* ausgerüstet, beide erfinden am liebsten immer neue Würzvarianten und Saucen. Und selbstverständlich essen beide am liebsten Pasta, mindestens einmal am Tag.

Vom Gardasee aus steuern Urlauber gern den Pasta- und Feinkostladen von Luciana und Carlo Bignotti in Valiggio sul Mincio an. Der Geschäftsname ist Programm: »Il Re del Tortellino« ist spezialisiert auf gefüllte Teigwaren. Kleine *tortellini* mit Fleischfüllung, große, robuste *tortelloni*, gefüllt mit Kürbis, Ricotta und Gemüsen wie Spinat, Artischocken, Pilzen, Auberginen, Lauch oder Spargel, mit Käse, Schinken oder Lachs – die großen Kühlschränke und -theken sind eine Augenweide. Das Ehepaar Bignotti hat vor 20 Jahren angefangen, sein familiär ererbtes Faible für die Pasta beruflich umzusetzen, die Frau am Nudelbrett, der Mann im Geschäft. In der blitzblanken Nudelwerkstatt hinter dem Laden formen und fertigen mittlerweile viele Frauen mit verblüffend flinken Fingern die gefüllte *pasta con il ripieno*. Im Winter, wenn die Nachfrage am größten ist, walzen, drehen, schneiden, füllen und zwicken bis zu 25 Frauen die köstlichen Teigtaschen.

Das Feinkostgeschäft »Zum Tortellini-König« führt neben gefüllten Nudeln auch *gnocchi* in den verschiedensten Farben und Gemüsegeschmacksrichtungen im Sortiment. Dazu kommt eine bunte Palette von Aufläufen und gefüllten *crespelle* (Pfannkuchen). Berufstätige italienische Hausfrauen greifen gern zu Fertiggerichten mit hausmütterlichem Anstrich und sind deshalb eine kontinuierlich wachsende Klientel. Pasta-Spezialisten wie den Bignottis oder den Küchenchefinnen aus der Toskana und dem Piemont ist denn auch um ihre Zukunft nicht bang. Sie sind überzeugt: Die Liebe zur frischen Hausfrauen-Pasta ist nicht unterzukriegen.

Bei der Pasta-Herstellung sind der Fantasie keine Grenzen gesetzt: Die Formen und Farben sind ebenso vielfältig wie die Füllungen.

Pasta in jeder Form

Schmetterlinge und Spiralen, Muscheln und Öhrchen, Röhren oder Rädchen – Nudelteig ist elastisch genug, um die vielfältigsten Formen anzunehmen. Es soll mehr als 300 Nudelsorten geben. Orientierung gibt eine Dreiteilung. »Pasta casalinga« heißen die aus Weichweizen und reichlich Eiern hausgemachten Nudelsorten. »Pasta artigianale« aus den kleinen Handwerksbetrieben wird teils auch aus Weichweizenteig, meist aber aus wenig Eiern, Hart- und Weichweizen fabriziert. Diese frischen und innerhalb weniger Tage zu verwertenden Nudelarten nennt man auch »pasta fresca«. Die aus Hartweizen ohne Eier produzierte »pasta industriale« ist dagegen lange haltbar. Was die »condimenti«, die Gewürze, angeht, so ist das einstige Nord-Süd-Gefälle längst aufgeweicht: Die relativ trockene »pasta asciutta« der Neapolitaner wird auch im Norden goutiert und die üppig mit Ragouts oder Saucen getränkte Pasta aus Mittelitalien hat mittlerweile ganz Italien erobert.

LA VERA ARTE BIANCA

Nudelmachen – die wahre weiße Kunst

Wer hat eigentlich die Nudeln erfunden? Lassen wir die Forscher und Fachleute darüber streiten, ob es die Chinesen, die Griechen, die Sizilianer oder die Neapolitaner waren. Fest steht: Neapel ist das Trampolin für den Absprung der Pasta nach Italien und in die ganze Welt gewesen. Vor mehr als 400 Jahren hat es dort eine echte sozio-kulinarische Revolution gegeben. In der Stadt am Golf lebten damals rund 60 000 *lazzaroni*, arbeits- und obdachlose Lebenskünstler. Sie kümmerte nur eins: durch beliebige Hilfsdienste täglich ein paar *centesimi* für eine anständige Portion Pizza zu verdienen. Um die Mitte des 16. Jahrhunderts hatten sie von den Brotfladen genug und richteten ihre Gelüste auf Höheres, auf Teigwaren aus teurem Hartweizen, die dazumal *maccarunni* oder *maccheroni* hießen und als luxuriöse Speise für Reiche galten.

Das Heer der *lazzaroni* ließ sich die neue Leibspeise gern ein wenig mehr kosten, das Handwerk der Nudelhersteller begann zu florieren, expandierte vom 18. Jahrhundert an auch in andere italienische Regionen und machte sich zur Beschleunigung der Pasta-Produktion und zur Gestaltung immer neuer Nudelformen die jeweils neueste Technologie zu Nutze. Die wichtigste und zugleich fatalste Erfindung für Nudelmacher gelang 1919 einem Mechaniker aus Torre Annunziata, einen »Schwitzkasten« zur Emanzipation der Pasta-Herstellung von Wind und Wetter. Sie schaltete die Sonne als Trockner und damit wichtigsten Faktor der Konservierung aus und brachte damit das Nudelmonopol des sonnigen Südens zu Fall. Die Industrialisierung und Universalisierung begann 1933 viel weiter nördlich in der Emilia Romagna: In Parma wurde eine Nudelmaschine entwickelt, die vom Teigkneten bis zum Pressen der Pasta in beliebige Formen alle Arbeitsschritte bewältigen konnte.

Die riesigen Maschinen der Großkonzerne spucken heute pro Stunde 5000 Kilogramm Pasta und mehr aus und entziehen ihren Produkten die Flüssigkeit innerhalb von nur 90 Minuten. Das Resultat: Sie produzieren mehr als 300 Nudelsorten, nehmen dafür aber einen gigantischen Geschmacksverlust in Kauf. Die unverfälschte traditionelle *arte bianca* lebt heute nur mehr in den kleinen Handwerksbetrieben fort. Nur sie haben die Geduld, ihre Hartweizennudeln 24 bis 36 Stunden im Trockenraum schwitzen zu lassen. Und nur sie halten das Wissen lebendig, dass in gute *maccheroni* mehr gehört als nur Wasser, Salz und Hartweizenmehl – nämlich Schwung, Schweiß, Fingerspitzengefühl und eine große Portion Leidenschaft.

FETTUCCINE CON I TARTUFI BIANCHI

Dünne Bandnudeln mit weißen Trüffeln

WEISSE TRÜFFELN

Weißer Trüffel aus dem Umland der piemontesischen Stadt Alba ist ein Kultobjekt, sein erdig-moschusartiger Geschmack gilt als unübertrefflich. Trüffel wird stets hauchdünn gehobelt und über möglichst einfache, neutral schmeckende Speisen gestreut.

ZUTATEN FÜR 4 PERSONEN

Für den Teig:
300 g Mehl, 2 Eier
4 Eigelb, Salz
Mehl für die Arbeitsfläche
Außerdem:
etwa 50 g weiße Trüffeln (in Öl)
oder frische weiße Trüffeln
100 g Butter
50 g frisch geriebener Parmesan

1 Das Mehl auf eine Arbeitsfläche häufen, in die Mitte eine Mulde drücken. Eier, Eigelb und 1 Prise Salz hineingeben. Alles gut vermischen und 10 Minuten zu einem glatten Teig kneten. Zu einer Kugel formen und in Frischhaltefolie gewickelt 15 Minuten ruhen lassen. Mit etwas Mehl dünn ausrollen und in 3 mm breite Streifen schneiden, kurz antrocknen lassen.

2 Die Trüffeln abtropfen lassen, das Öl auffangen. Trüffeln in feine Scheiben schneiden und mit der weichen Butter vermischen.

3 Die Fettuccine in sprudelndem Salzwasser »al dente« kochen, in ein Sieb abgießen und gut abtropfen lassen. Die Nudeln auf Teller verteilen, mit der Trüffelbutter, dem Trüffelöl und etwas Parmesan mischen. Mit dem restlichen geriebenen Parmesan servieren.

KÜCHENTIPP: Die Trüffelbutter lässt sich gut im Voraus zubereiten und hält sich im Tiefkühlfach mehrere Tage. Wer zur Trüffelsaison im November und Dezember frische Trüffeln bekommt, kann diese zusätzlich frisch über die heißen Nudeln hobeln. Frische Trüffeln erst unmittelbar vor dem Verarbeiten kurz unter fließendem kaltem Wasser abbürsten und sofort abtrocknen.

PAGLIA E FIENO

Gelbe und grüne Bandnudeln

ZUTATEN FÜR 6 PERSONEN

500 g frische Pilze
(z. B. Champignons, Egerlinge oder Steinpilze)
1 Knoblauchzehe
150 g rohe Schweinswürstchen
2 EL Butter
150 g Sahne
Salz
schwarzer Pfeffer aus der Mühle
je 300 g gelbe und grüne Bandnudeln
(z. B. Tagliatelle)
100 g frisch geriebener Parmesan

1 Pilze putzen, mit Küchenpapier abreiben und in dünne Scheiben schneiden. Den Knoblauch schälen und fein hacken. Die Würstchen aufschneiden und die Wurstmasse aus der Haut drücken.

2 Die Butter in einer Pfanne zerlassen und den gehackten Knoblauch darin andünsten, aber nicht bräunen. Die Pilze dazugeben und unter Rühren andünsten. Die Wurstmasse untermischen und anbraten.

3 Die Sahne dazugießen, mit Salz und Pfeffer kräftig abschmecken und alles etwa 3 Minuten köcheln lassen.

4 Inzwischen die Tagliatelle in sprudelndem Salzwasser »al dente« kochen. In ein Sieb abgießen, gut abtropfen lassen und in einer vorgewärmten Schüssel mit dem Parmesan und der Pilzsauce mischen. Sofort servieren.

KÜCHENTIPP: In Italien kommt die Pasta meist schon mit etwas geriebenem Parmesan und dem Sugo gemischt auf den Tisch. Wer will, nimmt sich noch Parmesan nach.

TAGLIATELLE

Die Mischung aus grünen und gelben Bandnudeln heißt übersetzt »Heu und Stroh«. Am besten schmeckt dieses Gericht, wenn Sie die Tagliatelle dafür frisch zubereiten (siehe Rezept Seite 84). Die grünen Nudeln werden mit Spinat gefärbt.

PAPPARDELLE ALLA NORMA

Breite Bandnudeln mit Auberginen und Tomaten

Zutaten für 4 Personen

Für den Teig:
400 g Mehl, 3 Eier, Salz, Mehl für die Arbeitsfläche
Außerdem:
700 g Tomaten, 2 Knoblauchzehen, 4 EL Olivenöl (extra vergine)
125 ml trockener Rotwein, 2 mittelgroße Auberginen
Salz, schwarzer Pfeffer aus der Mühle
4 Basilikumstiele, 100 g fester Ricotta

1 Das Mehl auf eine Arbeitsfläche häufen und in die Mitte eine Mulde drücken. Eier und 1 Teelöffel Salz hineingeben. Alles gut vermischen und 10 Minuten zu einem glatten Teig kneten. Wenn der Teig zu weich ist, etwas Mehl dazugeben, wenn er zu fest ist, 1 Esslöffel Wasser hinzufügen. Den Teig zu einer Kugel formen, in Frischhaltefolie wickeln und 15 Minuten ruhen lassen.

2 Den Teig mit wenig Mehl bis zur gewünschten Stärke ausrollen und in etwa 10 mm breite Bandnudeln schneiden, kurz antrocknen lassen.

3 Die Tomaten überbrühen, häuten, halbieren und entkernen, das Fruchtfleisch in Würfel schneiden. Den Knoblauch schälen und fein hacken.

4 In einer großen Pfanne 2 Esslöffel Olivenöl bei mittlerer Hitze erwärmen und den Knoblauch darin andünsten. Die Tomatenwürfel und den Rotwein dazugeben. Die Sauce einmal aufkochen lassen, dann 15 bis 20 Minuten zugedeckt bei mittlerer Hitze einköcheln lassen, dabei gelegentlich umrühren.

5 Den Backofen auf 75 °C vorheizen. Die Auberginen putzen, waschen und schräg in etwa 5 mm dicke Scheiben schneiden. Die Auberginenscheiben mit wenig Salz bestreuen, kurz ziehen lassen und mit Küchenpapier trockentupfen.

6 In einer Pfanne 2 Esslöffel Olivenöl bei mittlerer Hitze erwärmen. Die Auberginenscheiben darin auf beiden Seiten 4 Minuten braun braten. Die eingekochte Tomatensauce mit Salz und Pfeffer abschmecken. Basilikum waschen und trockenschütteln. Die Blätter von den Stielen zupfen, grob hacken und unter die Sauce rühren. Die Tomatensauce und die Auberginenscheiben im vorgeheizten Ofen warm halten.

7 Die Nudeln in sprudelndem Salzwasser »al dente« kochen. In ein Sieb abgießen, abtropfen lassen und auf tiefe Teller verteilen. Ricotta in grobe Stücke zerpflücken und die Hälfte über die Nudeln streuen. Die Auberginenscheiben darüber verteilen und mit der Tomaten-Basilikum-Sauce übergießen. Die Nudeln mit dem restlichen Ricotta bestreut servieren.

Molke als Abfallprodukt der Käseherstellung, ein zweites Mal aufgekocht, ergibt Ricotta, den italienischen Quark. Die Urform stammt aus Latium, heißt »ricotta romana« und wurde ursprünglich nur aus der Restmolke der Pecorino-Herstellung gewonnen – ein sehr magerer, leicht herb schmeckender Käse, der mittlerweile eine begehrte Rarität geworden ist. Denn wie überall wird Ricotta heute auch in Latium meist aus Kuhmilch hergestellt. »Ricotta salata« machen die Molkereien mit Salz haltbar. Er ist trockener als frischer Ricotta und kann durch Räuchern oder Trocknen in einen sehr pikanten Reibkäse verwandelt werden.

TAGLIATELLE CON L'ERBE E ROBIOLA

Nudeln mit Kräutern und Robiola

ZUTATEN FÜR 4 PERSONEN

1 Rezept Nudelteig (siehe Seite 84)
Salz, 2 Tomaten
2 Knoblauchzehen, ½ Zwiebel
200 g Ziegen-Robiola mit Kräutern
1 EL Olivenöl (extra vergine)
schwarzer Pfeffer aus der Mühle
2 EL frisch gehackte Kräuter
(z.B. Petersilie, Salbei, Rosmarin, Thymian)

1 Den Nudelteig wie beschrieben zubereiten und ausrollen. Den Teig in 5 mm breite Streifen schneiden und in sprudelndem Salzwasser »al dente« kochen. Abgießen und gut abtropfen lassen.

2 Die Tomaten überbrühen, häuten, halbieren und entkernen, das Fruchtfleisch in Würfel schneiden. Knoblauch und Zwiebel schälen, beides hacken. Robiola in Stücke teilen.

3 Olivenöl erhitzen, Zwiebeln und Knoblauch darin andünsten. Tomaten dazugeben, mit Salz und Pfeffer würzen. Kurz vor dem Servieren die Kräuter unterrühren, salzen und pfeffern. Die abgetropften Nudeln in der Sauce schwenken, mit dem Käse anrichten.

ORECCHIETTE CON BROCCOLI

Orecchiette mit Brokkoli

ZUTATEN FÜR 4 PERSONEN

1 kg Brokkoli, Salz
400 g Orecchiette
150 g Schinkenspeck (oder gekochter Schinken)
2–3 EL Olivenöl (extra vergine)
weißer Pfeffer aus der Mühle

1 Den Brokkoli putzen und in Röschen teilen. Den Strunk unten großzügig abschneiden, den Rest waschen und grob hacken. Die Brokkoliröschen und -stiele in kochendem Salzwasser bissfest garen, mit einem Schaumlöffel herausheben und abtropfen lassen.

2 Die Orecchiette im Brokkoliwasser »al dente« kochen. Kurz vor Garzeitende noch einmal den Brokkoli dazugeben. Alles in ein Sieb abgießen und abtropfen lassen.

3 Den Schinkenspeck in Würfel schneiden und in einer großen Pfanne bei kleiner Hitze auslassen. Olivenöl dazugeben, Brokkoli und Orecchiette hinzufügen. Alles vermischen und kräftig mit Pfeffer würzen.

Linguine alla Puttanesca

Nudeln mit Tomaten, Oliven, Kapern

Zutaten für 4 Personen

100 g Sardellenfilets (in Salz)
1 Knoblauchzehe
1 Peperoncino
500 g Tomaten
400 g Linguine, Salz
100 ml Olivenöl (extra vergine)
50 g Kapern (in Lake)
150 g entsteinte schwarze Oliven

1 Sardellen abspülen und klein schneiden. Knoblauch schälen und grob hacken. Den Peperoncino längs halbieren, entkernen, waschen und in Streifen schneiden. Tomaten überbrühen, häuten, halbieren und entkernen, das Fruchtfleisch in Würfel schneiden. Die Linguine in sprudelndem Salzwasser »al dente« kochen.

2 Das Olivenöl in einer Pfanne erhitzen. Sardellen, Knoblauch und Peperoncino darin andünsten, bis der Knoblauch goldgelb ist und die Sardellen sich im Öl aufgelöst haben. Die Kapern abspülen und ausdrücken. Tomaten, Oliven und Kapern dazugeben und kurz köcheln lassen. Die Linguine in ein Sieb abgießen, gut abtropfen lassen und mit der Sauce servieren.

Pappardelle al Prosciutto

Breite Bandnudeln mit Schinken

Zutaten für 4 Personen

1 Rezept Nudelteig (siehe Seite 84)
Salz
150 g Parmaschinken (in Scheiben)
50 g Butter
schwarzer Pfeffer aus der Mühle
50 g frisch geriebener Parmesan

1 Den Nudelteig wie beschrieben zubereiten und 15 Minuten ruhen lassen. Dünn ausrollen, in 8 mm breite Streifen schneiden und kurz antrocknen lassen. Die Pappardelle in sprudelndem Salzwasser »al dente« kochen.

2 Den Parmaschinken in breite Streifen schneiden. Die Butter in einer Pfanne zerlassen und die Schinkenstreifen darin bei kleiner Hitze anbraten, dabei darauf achten, dass die Butter nicht bräunt.

3 Die Pappardelle in ein Sieb abgießen und gut abtropfen lassen, in der Pfanne mit den Schinkenstreifen mischen und mit Pfeffer würzen. Kurz auf der ausgeschalteten Herdplatte ziehen lassen. Mit Parmesan bestreut servieren.

FETTUCCINE ALL'ABRUZZESE

Dünne Bandnudeln mit Safransauce

ZUTATEN FÜR 4 PERSONEN

6 Zucchiniblüten
(mit jungen Fruchtstielen)
1 Zwiebel
2 EL Olivenöl (extra vergine)
1 Briefchen Safranfäden
je 2 EL frisch gehackte Petersilie und Basilikum
100 ml Fleischbrühe
Salz, weißer Pfeffer aus der Mühle
400 g Fettuccine
50 g frisch geriebener Pecorino
oder Parmesan

1 Die Zucchiniblüten mit den Fruchtstielen waschen und in feine Streifen schneiden. Die Zwiebel schälen und fein hacken.

2 Das Olivenöl in einem Topf erhitzen und die Zwiebeln darin goldgelb dünsten. Die Safranfäden in etwas lauwarmem Wasser auflösen und dazugeben. Die Zucchiniblüten und -stiele sowie die gehackten Kräuter untermischen und die Brühe dazugießen. Alles bei kleiner Hitze köcheln lassen und mit Salz und Pfeffer kräftig abschmecken.

3 Die Fettuccine in sprudelndem Salzwasser »al dente« kochen. Falls nötig, die Sauce zwischendurch mit einigen Esslöffeln Nudelkochwasser verdünnen.

4 Die Nudeln in ein Sieb abgießen und abtropfen lassen. Sofort mit der Sauce vermischen und noch einmal mit Salz und Pfeffer abschmecken. Nach Belieben mit Zucchiniblüten garniert servieren. Etwas geriebenen Pecorino darüber streuen, den Rest separat dazu reichen.

KÜCHENTIPP: Mit ein paar Esslöffeln Nudelkochwasser kann man ganz einfach jeden Sugo binden. Das Nudelkochwasser enthält bereits aufgelöste Stärke, die aus den Nudeln beim Kochen ausgetreten ist.

PASTA E LENTICCHIE

Nudeln mit Linsen

ZUTATEN FÜR 4 PERSONEN

150 g getrocknete braune Linsen
1 Zwiebel
50 g durchwachsener Räucherspeck
3 Stangen Staudensellerie (mit Grün)
3 EL Olivenöl (extra vergine)
1 Knoblauchzehe
100 ml trockener Weißwein
Salz, weißer Pfeffer aus der Mühle
200 g Pasta (z. B. Spaghetti oder kurze Röhrennudeln)

1 Die Linsen in einer Schüssel mit kaltem Wasser gut bedeckt einige Stunden – am besten über Nacht – einweichen.

2 Die Zwiebel schälen und grob hacken. Den Speck in kleine Würfel schneiden. Die Selleriestangen putzen, waschen und, wenn nötig, die Fäden abziehen. Die Stangen in Scheiben schneiden, das Selleriegrün hacken und beiseite legen.

3 In einem großen Topf 1 Esslöffel Olivenöl erhitzen und die Speckwürfel darin anbraten. Zwiebeln und Sellerie dazugeben und glasig dünsten. Die Linsen mit dem Einweichwasser in den Topf geben. Knoblauch schälen und dazupressen.

4 Das Linsengemüse 30 bis 40 Minuten sanft köcheln lassen, den Weißwein und nach Bedarf noch etwas Wasser dazugießen – das Linsengemüse sollte eine sämige Konsistenz bekommen. Linsen nochmals kräftig mit Salz und Pfeffer abschmecken.

5 Die Nudeln in sprudelndem Salzwasser »al dente« kochen. In ein Sieb abgießen und gut abtropfen lassen. Die Nudeln mit dem Linsengemüse vermischen, mit dem restlichen Olivenöl beträufeln und mit Selleriegrün garniert servieren.

PAPPARDELLE ALLA LEPRE

Breite Bandnudeln mit Hasenragout

ZUTATEN FÜR 4 PERSONEN

400 g Wildhasenfleisch
(aus Rücken oder Keule)
50 g durchwachsener Räucherspeck
1 Zwiebel
1 Stange Staudensellerie
1 Fleischtomate
1 EL Butter
1 EL Olivenöl (extra vergine)
Salz, weißer Pfeffer aus der Mühle
1/2 TL getrockneter Thymian
100 ml trockener Weißwein
125 ml Fleischbrühe
400 g Pappardelle
1 EL frisch gehackte Petersilie

1 Das Hasenfleisch und den Speck in kleine Würfel schneiden. Die Zwiebel schälen und fein hacken. Die Selleriestange putzen, waschen und, wenn nötig, die Fäden abziehen. Den Sellerie in dünne Scheiben schneiden. Die Tomate überbrühen, häuten, halbieren und entkernen, das Fruchtfleisch in Würfel schneiden.

2 Die Butter und das Olivenöl in einem Topf erhitzen, den Speck hineingeben und darin auslassen. Das Hasenfleisch dazugeben und anbraten. Zwiebel, Selleriescheiben und Tomatenwürfel untermischen. Das Hasenragout mit Salz, Pfeffer und Thymian kräftig abschmecken. Den Weißwein und die Brühe dazugießen und das Ragout zugedeckt bei kleiner Hitze etwa 2 Stunden schmoren lassen.

3 Pappardelle in sprudelndem Salzwasser »al dente« kochen. In ein Sieb abgießen, gut abtropfen lassen und mit dem Ragout vermischen. Mit Petersilie bestreut servieren.

PASTA ALLA BOLOGNESE

Nudeln mit Hackfleischsauce

ZUTATEN FÜR 4 PERSONEN

1 Zwiebel, 1 Möhre
1 Stange Staudensellerie
100 g durchwachsener Räucherspeck
300 g gemischtes Hackfleisch
(150 g Rind- und 150 g Kalb-
oder Schweinehackfleisch)
50 g Butter
75 ml trockener Rotwein
200 ml kräftige Fleischbrühe
1 EL Tomatenmark
Salz, schwarzer Pfeffer aus der Mühle
heiße Milch nach Bedarf
400 g Pasta (z. B. Penne oder Maccheroni)
50 g frisch geriebener Pamesan

1 Zwiebel und Möhre schälen. Selleriestange putzen, waschen und, wenn nötig, die Fäden abziehen. Das Gemüse und den Speck in Würfel schneiden und mit dem Hackfleisch gründlich mischen.

2 Die Butter zerlassen, das Fleisch mit dem Gemüse darin etwa 10 Minuten anbraten, dabei ständig umrühren. Zuerst den Rotwein und, wenn dieser verdampft ist, 150 ml Brühe angießen. Bei kleiner Hitze so lange kochen lassen, bis auch diese verdampft ist.

3 Das Tomatenmark mit der restlichen Brühe verrühren und zum Ragout geben. Mit Salz und kräftig mit Pfeffer würzen. So viel heiße Milch zum Ragout gießen, dass alles bedeckt ist. Zugedeckt bei kleiner Hitze kochen lassen, bis die Milch verdampft ist.

4 Die Nudeln in sprudelndem Salzwasser »al dente« kochen, in ein Sieb abgießen, gut abtropfen lassen und auf vorgewärmten Tellern anrichten. Das Ragout darüber verteilen. Mit Parmesan bestreut servieren.

SPAGHETTI ALLA CARBONARA

Spaghetti mit Speck und Eiern

PECORINO

Der italienische Hartkäse aus Schafsmilch heißt je nach Herkunft »toscano«, »romano« oder »sardo« und zählt zu den traditionellsten Käsesorten Italiens. Er schmeckt nicht nur gerieben über der Pasta, sondern auch in Stückchen zu einem Glas Wein.

ZUTATEN FÜR 4 PERSONEN

400 g Spaghetti
150 g gepökelte Schweinebacke oder durchwachsener Räucherspeck
1 Knoblauchzehe
2 EL Olivenöl (extra vergine) oder Schweineschmalz
4 Eier
Salz, weißer Pfeffer aus der Mühle
je 2 EL frisch geriebener Pecorino und Parmesan

1 Die Spaghetti in sprudelndem Salzwasser »al dente« kochen.

2 Die Schweinebacke oder den Räucherspeck in kleine Würfel schneiden. Den Knoblauch schälen und mit einer Gabel leicht zerdrücken. In einer großen Pfanne das Fett erhitzen, die Speckwürfel und den Knoblauch darin bei kleiner Hitze anbraten. Den Knoblauch wieder aus der Pfanne nehmen, wenn er rundherum gebräunt ist.

3 In einer Schüssel die Eier, etwas Salz, reichlich Pfeffer und etwa ein Drittel des geriebenen Käses mit einem Schneebesen gut verrühren.

4 Die Spaghetti abgießen und gut abtropfen lassen. In die Pfanne zu den Speckwürfeln geben, untermischen, kurz ziehen lassen und die Pfanne vom Herd nehmen. Die Eiermasse darüber geben und so lange kräftig rühren, bis alle Spaghetti mit einer gelben Creme überzogen sind. Den restlichen Käse unterrühren und etwas Nudelkochwasser untermischen. Nach Belieben mit Parmesan bestreut servieren

KÜCHENTIPP: Zum Verfeinern kann man noch 3 bis 4 Esslöffel Sahne unter die Eiermasse mischen und gut verquirlen.

SPAGHETTI AGLIO, OLIO E PEPERONCINO

Spaghetti mit Knoblauch, Öl und Peperoncino

ZUTATEN FÜR 4 PERSONEN

400 g Spaghetti, Salz
3 Knoblauchzehen
1 Bund Petersilie
1 getrockneter Peperoncino
4–5 EL Olivenöl (extra vergine)
3 EL frisch geriebener Pecorino
oder Parmesan

1 Die Spaghetti in sprudelndem Salzwasser »al dente« kochen.

2 Knoblauch schälen und in feine Scheiben schneiden. Petersilie waschen und trockenschütteln, die Blätter von den Stielen zupfen und fein hacken. Peperoncino klein schneiden.

3 In einer kleinen Pfanne das Olivenöl erhitzen, Knoblauch und Peperoncino darin bei kleiner Hitze langsam dünsten, bis der Knoblauch leicht gebräunt ist und das Öl eine goldgelbe Farbe hat. Das Öl etwas salzen und die Herdplatte ausschalten. Die gehackte Petersilie dazugeben und im Öl schwenken.

4 Die Spaghetti in ein Sieb abgießen, gut abtropfen lassen und in eine vorgewärmte Schüssel geben. Das Knoblauch-Peperoncino-Öl über die Nudeln gießen und sofort servieren. Etwas geriebenen Pecorino darüber streuen, den Rest separat dazu reichen.

KÜCHENTIPP: Bei dieser Variante erhalten die Spaghetti eine gewisse Schärfe. Wenn das Öl nur leicht gewürzt werden soll, nimmt man Knoblauch und Peperoncino wieder aus dem Öl, bevor die Nudeln damit vermischt werden.

KNOBLAUCH

In der italienischen Küche kommt Knoblauch häufig, aber wohl dosiert zum Einsatz. Im Ganzen oder halbiert mitgekocht, bleiben die Zehen am dezentesten, gehackt schmecken sie am kräftigsten. Wichtig ist, den grünen Keim zu entfernen.

TORTELLINI IN BRODO

Tortellini in Fleischbrühe

ZUTATEN FÜR 4 PERSONEN

Für den Teig:
200 g Mehl, 2 Eier, Salz
1 EL Olivenöl (extra vergine), Mehl für die Arbeitsfläche
Für die Füllung:
50 g Schweinelende, 1 EL Butter
je 50 g roher Schinken und Mortadella
(in dünne Scheiben geschnitten)
1 Ei, 100 g frisch geriebener Parmesan
frisch geriebene Muskatnuss
Salz, weißer Pfeffer aus der Mühle
1 l kräftige Rinderbrühe

1 Das Mehl auf eine Arbeitsfläche häufen und in die Mitte eine Mulde drücken. Eier, 1 Prise Salz und Olivenöl hineingeben. Alles vermischen und zu einem glatten Teig verkneten. Den Teig zu einer Kugel formen und in Frischhaltefolie gewickelt 15 Minuten ruhen lassen.

2 Für die Füllung das Fleisch in kleine Würfel schneiden. Die Butter zerlassen und das Fleisch darin bei mittlerer Hitze anbraten. Die Fleischwürfel aus der Pfanne nehmen, mit Schinken und Mortadella mischen und mit einem großen Messer oder im Blitzhacker fein zerkleinern. Die Fleischmasse mit dem Ei, 60 g Parmesan, 1 kräftigen Prise Muskatnuss, Salz und Pfeffer gründlich vermischen.

3 Den Nudelteig auf einer bemehlten Arbeitsfläche dünn ausrollen, mit einer Ausstechform oder einem Glas Kreise von etwa 4 cm Durchmesser ausstechen. Auf jeden Kreis $\frac{1}{2}$ Teelöffel Füllung geben, die Ränder mit Wasser anfeuchten, den Kreis zu einem Halbmond zusammenklappen und die Ränder fest andrücken. Die spitzen Enden um die Kuppe des Zeigefingers legen und zu Ringen zusammendrücken. Die fertigen Tortellini auf ein bemehltes Küchentuch legen.

4 Die Fleischbrühe aufkochen und die Tortellini hineingleiten lassen, vorsichtig umrühren und 3 bis 4 Minuten leise köcheln lassen. Die Tortellini in der Suppe servieren und den restlichen Parmesan separat dazu reichen.

Tortellini werden mit allem gefüllt, was sich an Resten verarbeiten lässt. Als Hochburg der gefüllten Pasta gilt die Emilia Romagna. Dort wird von jeher alles produziert, was man für die nördlichen Variationen benötigt: der Hartweizen für den Eierteig, Rind- und Schweinefleisch für die Füllung, Parmesan zum Würzen. Im Piemont füllt man meist Reste der typischen Schmorbraten, in Ligurien frischen Käse und Kräuter in den Teig. Im Nordosten machen sich slawische Einflüsse bemerkbar. Hier mag man Süßsaures wie Friauls »tortelli« mit Kürbis oder die eigenwilligen »cialsons« mit Kakao und Sultaninen.

LINGUINE AI FRUTTI DI MARE

Linguine mit Meeresfrüchten

ZUTATEN FÜR 4 PERSONEN

3 Knoblauchzehen
1/2 Peperoncino
4 EL Olivenöl (extra vergine)
3 EL frisch gehackte Petersilie
100 ml Weißwein
300 g geschälte Tomaten (aus der Dose), Salz
400 g gemischte Meeresfrüchte
(z. B. Mies- und Venusmuscheln,
Krebsschwänze oder Scampi)
400 g Linguine

1 Knoblauch schälen und fein hacken. Peperoncino entkernen, waschen und in feine Streifen schneiden. Das Olivenöl in einer Pfanne erhitzen, Knoblauch und Petersilie darin andünsten.

2 Den Weißwein dazugießen und einige Minuten bei großer Hitze einkochen lassen. Die Tomaten abtropfen lassen, grob zerkleinern und mit den Peperoncinostreifen in die Sauce geben. Leicht salzen und etwa 10 Minuten köcheln lassen.

3 Mies- und Venusmuscheln gründlich waschen. Die Muscheln zusammen mit den Krebsschwänzen in die Sauce geben. Zugedeckt bei kleiner Hitze gar ziehen lassen. Inzwischen die Linguine in sprudelndem Salzwasser »al dente« kochen. Abgießen, gut abtropfen lassen und mit der Sauce vermischt servieren.

PENNE ALL'ARRABBIATA

Penne mit scharfer Sauce

ZUTATEN FÜR 4 PERSONEN

1 kleine Zwiebel
4 Knoblauchzehen
1 Peperoncino
1/2 Bund Petersilie
4 EL Olivenöl (extra vergine)
100 ml Weißwein
350 g geschälte Tomaten (aus der Dose)
Salz, 400 g Penne

1 Zwiebel und Knoblauch schälen. Den Peperoncino längs halbieren, entkernen und waschen. Petersilie waschen und trockenschütteln, die Blätter von den Stielen zupfen. Alles fein hacken.

2 Das Olivenöl in einem großen, flachen Topf erhitzen. Die Zwiebel, die Hälfte des Knoblauchs und der Petersilie sowie den Peperoncino darin andünsten. Den Weißwein dazugießen und einkochen lassen. Die Tomaten abtropfen lassen, grob zerkleinern und hinzufügen. Die Sauce salzen und offen köcheln lassen.

3 Die Penne in sprudelndem Salzwasser »al dente« kochen, in ein Sieb abgießen und gut abtropfen lassen. Die Penne zur Sauce geben, gründlich vermischen und kurz ziehen lassen. Zuletzt den restlichen Knoblauch und die Petersilie untermischen.

PIZZOCCHERI DELLA VALTELLINA

Buchweizennudeln mit Mangold

ZUTATEN FÜR 4 PERSONEN

Für den Teig:
140 g Grano saraceno
(fein gemahlenes Buchweizenmehl)
30 g Mehl, 3 große Eier, 1 EL Milch, Salz
Mehl für die Arbeitsfläche
Für das Gemüse:
200 g Mangold
140 g neue Kartoffeln
4 Knoblauchzehen, Salz, 50 g Butter
2 getrocknete oder 3 frische Salbeiblätter
Butter für die Form
115 g Fontina-Käse (in dünnen Scheiben)
70 g frisch geriebener Parmesan

1 Buchweizen- und Weizenmehl auf eine Arbeitsfläche häufen und gut vermischen. In die Mitte eine Mulde drücken, Eier, Milch, 1 Esslöffel Wasser und ½ Teelöffel Salz hineingeben. Alle Zutaten vermischen und zu einem glatten Teig kneten. Den Teig zu einer Kugel formen und 30 Minuten ruhen lassen.

2 Den Nudelteig auf einer bemehlten Arbeitsfläche 3 mm dick ausrollen und kurz antrocknen lassen. Der Teig sollte nicht mehr so feucht sein, dass er beim Falten zusammenklebt, aber auch nicht so trocken, dass er leicht bricht. Die Teigplatte zu einer flachen Rolle aufwickeln und in 2 ½ cm breite Streifen schneiden. Die Nudeln auseinanderfalten und auf Küchentüchern ausbreiten.

3 Den Mangold putzen, waschen und abtropfen lassen. Das Grün etwas abschneiden, die Stiele in etwa 5 cm breite Stücke schneiden. Die Kartoffeln waschen, schälen und in Scheiben schneiden. Den Knoblauch schälen und mit dem Messerrücken leicht andrücken.

4 Den Backofen auf 200 °C vorheizen. Den Mangold in kochendes Salzwasser geben. Nach 10 Minuten die Kartoffeln hinzufügen, den Deckel einen Spalt offen lassen.

5 Inzwischen die Butter in einer Pfanne zerlassen. Den Knoblauch darin unter Rühren hellbraun braten und wieder herausnehmen. Die Salbeiblätter in die Butter geben und ein- bis zwei Mal in der heißen Butter wenden. Die Pfanne vom Herd nehmen.

6 Die Nudeln in sprudelndem Salzwasser »al dente« kochen, in ein Sieb abgießen und abtropfen lassen. Die Nudeln nach Belieben mit einer Gabel aufrollen oder lagenweise in eine gebutterte ofenfeste Form schichten und die Mangold-Kartoffel-Mischung darüber verteilen.

7 Den Auflauf mit der Knoblauch-Salbei-Butter begießen, die Fontina-Scheiben und den geriebenen Parmesan darüber geben. Die Pizzoccheri im Ofen 5 Minuten auf der obersten Schiene überbacken, herausnehmen und noch 2 bis 3 Minuten ruhen lassen. In der Form servieren.

RAVIOLI DI BARBABIETOLE

Ravioli mit Rote-Bete-Füllung

ZUTATEN FÜR 4 PERSONEN

Für den Teig:
400 g Mehl, 4 Eier, Salz
Mehl für die Arbeitsfläche
Für die Füllung:
400 g Rote Bete, 1 TL Fenchelsamen, Salz
30 g Schalotten, 80 g Butter
80 g Paniermehl, schwarzer Pfeffer aus der Mühle
Ingwerpulver, 1 Eigelb
Außerdem:
1 Eiweiß, Salz, 80 g Butter
30 g gemahlener Mohn, 50 g frisch geriebener Parmesan

1 Das Mehl auf eine Arbeitsfläche häufen und in die Mitte eine Mulde drücken. Eier und 1 Teelöffel Salz hineingeben. Alle Zutaten gut vermischen und 10 Minuten zu einem glatten Teig kneten. Den Teig zu einer Kugel formen und in Frischhaltefolie gewickelt 15 Minuten ruhen lassen.

2 Für die Füllung die Rote Bete mit dem Sparschäler schälen, vierteln und mit den Fenchelsamen in 1 Liter Salzwasser gar kochen. Abgießen, durch die feine Scheibe des Fleischwolfs oder die Kartoffelpresse drücken und abkühlen lassen.

3 Die Schalotten schälen und fein hacken. Die Butter zerlassen und die Schalotten darin hell andünsten. Das Paniermehl dazugeben und unter ständigem Rühren rösten. Diese Mischung mit dem Rote-Bete-Püree vermengen, mit Salz, Pfeffer und 2 Prisen Ingwerpulver würzen. Das Eigelb unterrühren.

4 Den Nudelteig auf einer bemehlten Arbeitsfläche dünn ausrollen, mit einer Ausstechform oder einem Glas Kreise von 6 cm Durchmesser ausstechen. Jeweils etwa ½ Teelöffel Füllung in die Mitte der Teigkreise setzen und die Ränder dünn mit Eiweiß bestreichen. Die Kreise zu Halbmonden zusammenklappen und die Ränder fest andrücken.

5 Die Ravioli in sprudelndes Salzwasser geben, nach dem Aufwallen 3 bis 4 Minuten ziehen lassen, bis sie an die Oberfläche steigen. Die Butter in einer Pfanne zerlassen und den Mohn einrühren. Die Mohnbutter und geriebenen Parmesan über die Ravioli geben und heiß servieren.

KÜCHENTIPP: Diese Ravioli heißen auch »casonsei« oder »casunzjei« und werden z. B. in der Lombardei mit Ricotta und Kürbis gefüllt.

Rote Bete setzen Pasta-Köche wegen ihrer verführerischen Farbe gern zum Färben oder Füllen von Teigwaren aller Art und Gnocchi ein. Die Gemüseküche ersetzt die Fantasie durch Purismus: Die Rüben werden traditionsgemäß in Pergament oder Alufolie gewickelt und bis zu 2 Stunden lang im Backofen gegart, dann geschält, geschnitten, mit Salz, viel Olivenöl und wenig Essig angemacht. Die gekochten Stiele und Blätter ergeben einen schmackhaften Salat – Essig wird dafür durch Zitrone ersetzt.

CANNELLONI ALLA NAPOLETANA

Cannelloni auf neapolitanische Art

SARDELLENFILETS

Sardellen müssen zunächst ausgenommen werden und mit Meersalz bestreut drei Monate reifen. Danach werden sie mit Salzlake und Wasser gespült und filetiert. In den Handel kommen Sardellenfilets in Salz oder Öl eingelegt.

ZUTATEN FÜR 4 PERSONEN

200 g Hartweizenmehl (Durum-Mehl)
Salz, 2 Eier, 1 kg Tomaten
2 EL Olivenöl (extra vergine)
4 EL frisch gehacktes Basilikum
200 g Mozzarella
3 Sardellenfilets (in Salz)
60 g geriebener Parmesan
Fett für die Form

1 Aus Mehl, Salz und Eiern wie auf Seite 84 beschrieben einen Teig kneten, dünn ausrollen und auf einem Holzbrett antrocknen lassen. In Quadrate von etwa 5 x 5 cm schneiden.

2 Die Teigstücke portionsweise in sprudelndes Salzwasser geben. Wenn sie an die Oberfläche steigen, noch einige Minuten weiter kochen lassen, bis sie »al dente« sind. Abgetropft nebeneinander auf ein feuchtes Tuch legen.

3 Tomaten überbrühen, häuten, halbieren und entkernen, das Fruchtfleisch in Stücke schneiden. Das Olivenöl erhitzen, die Tomaten darin etwa 20 Minuten bei mittlerer Hitze köcheln lassen, mit Salz würzen. Die Hälfte der Tomaten durch ein Sieb streichen, Basilikum vorsichtig unterrühren und die Tomatensauce beiseite stellen.

4 Den Backofen auf 180 °C vorheizen. Mozzarella abtropfen lassen und in Würfel schneiden. Sardellenfilets abspülen, trockentupfen und klein schneiden. Auf die Teigquadrate jeweils Mozzarellawürfel, Tomatenstücke, Sardellen und etwas geriebenen Parmesan geben. Die Teigstücke aufrollen, nebeneinander in eine gefettete ofenfeste Form setzen.

5 Die Cannelloni mit der passierten Tomatensauce übergießen und mit Parmesan bestreuen. Im Ofen etwa 20 Minuten überbacken.

GARGANELLI AL PESTO

Garganelli mit Pesto

ZUTATEN FÜR 4 PERSONEN

30 g Pinienkerne
2–3 Bund Basilikum
2 Knoblauchzehen
8 EL Olivenöl (extra vergine)
Meersalz
je 25 g frisch geriebener Pecorino und Parmesan
400 g Garganelli

1 Die Pinienkerne in einer Pfanne ohne Fett anrösten. Basilikum waschen und trockenschütteln, die Blätter von den Stielen zupfen. Knoblauch schälen und grob hacken.

2 Knoblauch, Pinienkerne, Basilikum, Olivenöl und etwas Meersalz in einen Mörser geben und mit einem Holzstößel zu einer feinen Paste zerreiben. Nach und nach den geriebenen Käse in die Masse einarbeiten.

3 In einem großen Topf ausreichend Salzwasser zum Kochen bringen. Die Garganelli in das sprudelnde Wasser geben und »al dente« kochen. Abgießen und gut abtropfen lassen.

4 Die Garganelli mit dem Pesto vermischen und nach Belieben mit geriebenem Parmesan bestreut servieren.

KÜCHENTIPP: Mit etwas Pesto können andere Pasta-Saucen ganz einfach verfeinert werden, wie bei dem Rezept »Rigatoni panna, pesto e pomodoro«: Dafür 300 g gestückelte Tomaten (aus der Dose) mit 200 g Sahne etwa 10 Minuten kochen, dann 2 Esslöffel Pesto unterrühren. Die Rigatoni in sprudelndem Salzwasser »al dente« kochen. Abgießen, abtropfen lassen und mit etwas geriebenem Parmesan mischen. Die Tomaten-Sahne-Sauce dazugeben, alles gut vermischen und mit geriebenem Parmesan bestreut servieren.

BASILIKUM

Neben Petersilie ist Basilikum das wichtigste Kraut der italienischen Küche. Allein in Ligurien, der Heimat des Pesto, wird es in zahlreichen Sorten gezüchtet. Das intensivste Aroma entfaltet das kleinblättrige Basilikum, »genovese« genannt.

LASAGNE VERDI AL FORNO

Grüne Lasagne mit Fleischsauce

ZUTATEN FÜR 4 BIS 6 PERSONEN

Für den Teig:
150 g frischer Spinat, Salz
150 g Mehl, 150 g Hartweizengrieß
1 Ei, 1 EL Olivenöl (extra vergine)
Für die Füllung:
1 Rezept Ragù bolognese (siehe Seite 92)
2 Stangen Staudensellerie
50 g gemischte frische Kräuter (z. B. Majoran, Salbei, Rosmarin und Borretsch)
150 g Mozzarella, 60 g Butter, 60 g Mehl
750 ml Milch, Salz, schwarzer Pfeffer aus der Mühle
frisch geriebene Muskatnuss
100 g frisch geriebener Parmesan
1 EL Butter

1 Spinat verlesen, waschen und in kochendem Salzwasser blanchieren. Abschrecken, gut ausdrücken, fein hacken und mit Mehl, Grieß, Ei, Öl und Salz wie auf Seite 84 beschrieben zu einem Nudelteig verarbeiten. Den Teig zu einer Kugel formen und in Frischhaltefolie gewickelt 15 Minuten ruhen lassen

2 Für die Füllung das Ragù bolognese wie beschrieben zubereiten. Die Selleriestangen putzen, waschen und, wenn nötig, die Fäden abziehen. Die Stangen in Streifen schneiden. Die Kräuter waschen, trockenschütteln und hacken. Beides unter das Ragù mischen. Mozzarella abtropfen lassen und in Würfel schneiden.

3 Für die Béchamelsauce die Butter in einem Topf bei mittlerer Hitze zerlassen. Das Mehl mit einem Schneebesen einrühren und so lange andünsten, bis es goldgelb ist. Unter ständigem Rühren nach und nach die Milch dazugeben. 10 Minuten köcheln lassen, bis die Sauce sämig ist. Mit Salz, Pfeffer und Muskatnuss würzen.

4 Den Nudelteig noch einmal durchkneten, auf einer bemehlten Arbeitsfläche ausrollen und in rechteckige Teigblätter schneiden. Oder den Teig in der Nudelmaschine zu Teigplatten formen und diese zu Lasagneblättern schneiden. Sie dürfen nicht zu dünn sein, damit sie beim Garen noch Biss behalten.

5 Den Backofen auf 200 °C vorheizen. Eine große ofenfeste Form mit etwas Béchamelsauce ausgießen und mit Lasagneblättern auskleiden. Mit etwas Ragù bedecken, Béchamelsauce darauf gießen und mit Nudelblättern belegen. Auf diese Weise fortfahren, bis alles aufgebraucht ist. Die letzte Schicht sollte Béchamelsauce sein.

6 Die Mozzarellawürfel über die Lasagne geben, mit Parmesan bestreuen und mit Butterflöckchen belegen. Die Lasagne im Ofen etwa 40 Minuten backen, bis sich eine schöne goldbraune Kruste gebildet hat.

Reis

OCCHIO AL CHICCO

Augenmaß und Wasserkraft fürs Korn

Fruchtbare Äcker, so weit das Auge reicht: Mais- und Weizenfelder, Erdbeer- und Tabakplantagen, dazwischen die hellen Vierecke von Reisfeldern, deren zarte Halme der Wind in sanfter Bewegung hält. In der Weite und Einsamkeit der Po-Ebene verlieren sich die Häuser und Gehöfte der ländlichen Siedlung Isola della Scala südlich von Verona. In Pila Vecia, der jahrhundertealten Reismühle der Familie Ferron, scheint die Zeit zum Stillstand gebracht.

Da je nach Reisgericht unterschiedliche Anforderungen an das Kochverhalten der Reissorte gestellt werden, findet man »riso« in Norditalien in großer Auswahl.

Die wunderbare Silvana Mangano in dem Film »Bitterer Reis« – wer könnte sie je vergessen? Wie die große italienische Diva sind die in dem Sozialmelodram von 1949 geschilderten Mühen und Plagen der Reispflanzer nur mehr Erinnerung. In den Reisfeldern der Po-Ebene ist alles mechanisiert, von der Bodenbereitung bis zur Ernte. Maschinen säen den Reis im April, Kanalsysteme bewässern die Felder, große Erntefahrzeuge sammeln im Oktober den *risone* ein, die Reiskörner in der braunen Schale. Nach dem Trocknen verkaufen die Bauern ihre Ernte an die Reismühlen. Die sind in der Regel ebenfalls moderne Betriebe mit schnellen Schleifmaschinen, die den Reis im Handumdrehen von seinen Häuten befreien, ihn polieren, bis er perlmuttfarben schimmert, und ihn in Vakuum verpacken.

Pila Vecia – ein Wegweiser in den unergründlichen Weiten der Pianura, der Ebene südlich von Verona. Er dirigiert Besucher über staubige Feldwege zu einer der wenigen noch handwerklich betriebenen Reismühlen, der »Riseria Ferron«. In dem Anwesen aus dem 17. Jahrhundert schleift die Müllerfamilie Ferron den Reis mit Quellwasser, das über ein uraltes moosbewachsenes Mühlrad mit fast sieben Meter Durchmesser läuft. In der Mühle sind Geräte aus dem Entstehungsjahr 1656 im Einsatz, die jüngsten, ebenfalls von Wasserkraft betriebenen Reinigungs- und Poliermaschinen stammen aus der Zeit nach dem Ersten Weltkrieg. Sie führen den ungeschälten *risone* durch Holzröhren in die Mühle, ein Sieb sondert Steine und Stroh ab. Die erste Maschine entfernt die *lolla*, das dünne Häutchen der Reiskörner, ein Ventilator pustet den Abfall vom Korn. Der Vollkornreis der »Riseria Ferron« ist dann fertig. Polierter Reis durchläuft drei Schleifprozesse, die *sbiancatura* heißen.

Den Reis stoßen, bis er hell wird: Nach diesem uralten Prinzip funktionieren die neun Steinstampfer der Gründungszeit. Zwei- bis dreitausend Tonnen Reis bewältigt ein Stößel bis zu seinem Verschleiß. Die »Riseria Ferron« kann pro Tag 40 Zentner Rohmaterial zu 20 Zentnern poliertem Reis schleifen. Und noch mehr: Schulklassen dürfen auf dem weitläufigen Gelände der Familie Ferron vom Reisanbau über die Haltung von Perlhühnern und Truthähnen bis zur Karpfenzucht das Landleben kennen lernen und genießen. Und auch für das leibliche Wohl ist gesorgt: Gegen Voranmeldung können Gäste im Freien, im Zelt oder in Sälen mehrgängige Reismenüs probieren, denn Juniorchef Maurizio Ferron ist gelernter Koch, leibt und lebt als Botschafter des guten Geschmacks von genuinem Reis.

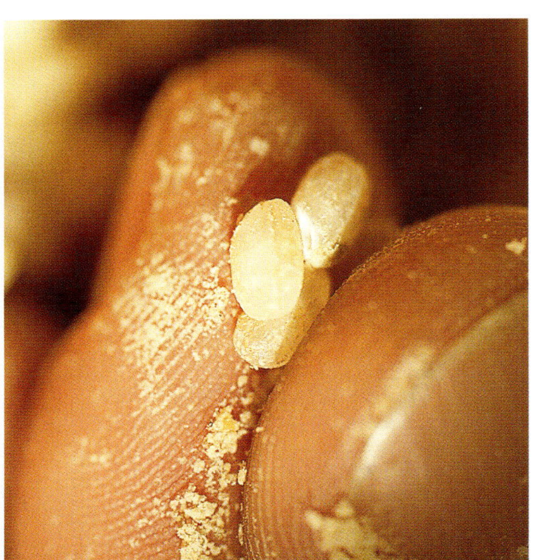

Nach mehrmaligem Schleifen und Polieren glänzen die Reiskörner perlmuttfarben.

REISSORTEN

Salate und Suppen, »risotto« oder Reisauflauf – für jedes Gericht benötigt man die passende Sorte Reis. »Riso comune« oder »originario« hat mattperlmuttfarbene, runde Körner, hohe Saugkraft und ist schnell gar – gut geeignet für Suppen und Süßspeisen. Sorten sind: »Raffaello«, »Pierrot« oder »Ticinese«. »Riso semifino« mit rundlichen Körnern von mittlerer Länge muss mindestens 15 Minuten kochen, eignet sich daher für Gerichte mit längeren Garzeiten, beispielsweise »minestrone«. Die bekanntesten Sorten sind Vialone nano oder Padano. »Riso fino« charakterisieren Körner von glasartiger Struktur, sie sind sehr resistent, verkochen nicht so leicht und werden für »suppli« oder »timballi« verwendet. Die wichtigsten Bezeichnungen: »Sant'Andrea« und »Ribe«. »Riso superfino« gilt als hochwertigste Sorte, seine großen, länglichen Körner und die lange Garzeit machen ihn optimal für »risotto«, aber auch für Salate. »Arborio« und »Carnaroli« heißen die Spitzensorten. Reisvorräte sind je nach Lagerung bis zu einem Jahr haltbar.

RISO FA BUON SANGUE

Reis macht gutes Blut

Dieses Sprichwort hat Italien von den Griechen übernommen, die wiederum haben es von den Buddhisten gehört. Reis hat von Asien aus über den Nahen Osten seinen Weg nach Europa gefunden, die Araber haben ihn nach Spanien verpflanzt. Manche italienischen Historiker gehen davon aus, dass die aragonischen Herrscher zwischen dem 14. und dem 15. Jahrhundert den Reisanbau ins Königreich Neapel importierten. Wie dem auch sei: Die ersten schriftlichen Dokumente darüber stammen aus Pisa und der Lombardei, die ersten Reismühlen sind Ende des 15. Jahrhunderts im Reis-Viereck Pavia–Lomellina–Vercelli–Novara entstanden. Die wasserreiche Po-Ebene zwischen Novara im Westen und Verona im Osten ist die Reiskammer Italiens, ja sogar Europas geworden: Etwa 60 Prozent der gesamten EU-Produktion stammen von dort. Innerhalb Italiens wird mehr als die Hälfte der heimischen Ernte in den Regionen Piemont, Lombardei und Venetien konsumiert. Dass Reis tatsächlich gutes Blut macht, die Nerven beruhigt, den Darm kuriert, wachstumsfördernd und entzündungshemmend wirkt, wusste die volkstümliche Medizin von jeher, die moderne Ernährungswissenschaft hat den Mineral- und Vitaminreichtum, die positiven Wirkungen auf den Organismus mittlerweile in allen Details dokumentiert. Kleine Kinder, Alte, Kranke und Schwache werden in Italien seit Jahrhunderten mit gekochtem Reis oder mit dessen Sud aufgepäppelt. Heute ist Reis in den ökologisch bewussten Haushalten Italiens auf dem Vormarsch. Was auch bedeutet: Reis wird nicht mehr so intensiv geschliffen und poliert, sondern auch als Vollkornreis geschätzt.

Der Reis kommt im Wasser zur Welt und stirbt im Wein«, heißt ein Sprichwort aus Mailand. In der Metropole des Nordens wurde Italiens berühmteste Reisspeise erfunden, der *risotto alla milanese*. Die bestechend schlichte Kreation hat den italienischen Dichter Giovanni Pascoli so begeistert, dass er das Rezept in ein Gedicht transkribierte. Ein großer Reisliebhaber ist auch der Komponist Gioacchino Rossini gewesen. Die berühmte Arie »Di tanti palpiti« aus der Oper »Tancredi« soll er in einer venezianischen *osteria* geschrieben haben, als er auf *risi e bisi* wartete. Der üppige Risotto-Klassiker alla Rossini mit Gänseleber, Zunge, Sahne und reichlich Champagner ist eine kulinarische Komposition des größten Gourmets unter Italiens Musikgenies.

RISOTTO ALLA MILANESE

Safran-Risotto auf Mailänder Art

Zutaten für 4 Personen

1 kleine Zwiebel
30 g Rindermark (von 1 Knochen)
50 g Butter
50 ml trockener Rotwein
400 g Arborio- oder anderer Risotto-Reis
etwa 1 l heiße Fleischbrühe
1 Briefchen Safranfäden
50 g frisch geriebener Parmesan

1 Die Zwiebel schälen und fein hacken. Den Markknochen kurz in kaltes Wasser legen, dann das Mark herausdrücken. Das Mark mit einem feuchten Küchentuch abwischen, um Knochensplitter zu entfernen, und in kleine Würfel schneiden.

2 In einer großen Pfanne 2 Esslöffel Butter zerlassen, dabei darauf achten, dass die Butter nicht bräunt. Die Zwiebel und das Mark in die Pfanne geben und unter Rühren bei mittlerer Hitze einige Minuten andünsten, bis beides glasig ist.

3 Mit Rotwein ablöschen und alles weitergaren, bis die Flüssigkeit verkocht ist. Den ungewaschenen Reis dazugeben und unter Rühren etwa 1 Minute andünsten, bis die Reiskörner gleichmäßig mit Fett überzogen sind.

4 Von der heißen Brühe 200 ml abmessen, zum Reis gießen und einkochen lassen. Diesen Vorgang wiederholen, bis der Reis halb gar ist. Das dauert etwa 10 Minuten.

5 Den Safran in der restlichen Brühe auflösen und zum Reis geben. Den Reis noch etwa 20 Minuten unter häufigem Rühren quellen lassen, bis er gar, aber noch »al dente« ist.

6 Die restliche Butter und den Parmesan unter den Risotto mischen. Zugedeckt noch einige Minuten ziehen lassen, dann mit Parmesan bestreut servieren.

Küchentipp: Damit der Risotto schön sämig wird, gibt man den Risotto-Reis am besten ungewaschen in den Topf. Beim Waschen geht etwas von der äußeren Stärkeschicht verloren.

RISOTTO ALLE ERBE

Kräuter-Risotto

Zutaten für 4 Personen

1 Knoblauchzehe
100 g junger Spinat
100 g Wildkräuter
(z. B. Brennnessel, Löwenzahn oder Bärlauch)
50 g Rocambole
(italienischer Knoblauch,
ersatzweise Frühlingszwiebeln)
4 EL Olivenöl (extra vergine)
2 EL Weißwein
400 g Arborio- oder anderer Risotto-Reis
etwa 1,5 l heißer Kalbsfond
Salz, weißer Pfeffer aus der Mühle
80 g frisch geriebener Parmesan
4 EL Butter

1 Den Knoblauch schälen und fein hacken. Den Spinat verlesen, waschen, abtropfen lassen und fein hacken. Die Wildkräuter waschen, trockenschütteln und ebenfalls fein hacken. Rocambole oder Frühlingszwiebeln putzen, waschen und fein hacken.

2 Das Olivenöl in einem großen Topf erhitzen, Rocambole zusammen mit dem Knoblauch darin andünsten. Den Spinat und die Kräuter hinzufügen und kurz mitdünsten.

3 Mit Weißwein ablöschen und alles weitergaren, bis die Flüssigkeit verkocht ist. Den ungewaschenen Reis dazugeben und unter Rühren etwa 1 Minute andünsten, bis die Reiskörner gleichmäßig mit Fett überzogen sind.

4 Den heißen Kalbsfond dazugießen und den Risotto unter ständigem Rühren 15 bis 20 Minuten fertig garen. Mit Salz und Pfeffer abschmecken. Den Parmesan und die Butter unter den Risotto mischen. Zugedeckt noch einige Minuten ziehen lassen, dann mit Parmesan bestreuen und nach Belieben mit jungen Löwenzahnblättern garniert servieren.

Risotto ai funghi

Pilz-Risotto

Zutaten für 4 Personen

1 Zwiebel
300 g Steinpilze oder andere Pilze
(z. B. Maronenröhrlinge oder Hallimasch;
oder 30 g getrocknete Pilze)
1 Knoblauchzehe
1 Bund Petersilie
60 g Butter
100 ml trockener Weißwein
300 g Arborio- oder anderer Risotto-Reis
etwa 1 l heiße Fleischbrühe
2 EL Olivenöl
Salz, schwarzer Pfeffer aus der Mühle
3 EL frisch geriebener Parmesan

1 Die Zwiebel schälen und fein hacken. Die Pilze putzen, mit Küchenpapier säubern und in nicht zu kleine Stücke schneiden. Getrocknete Pilze in lauwarmem Wasser einweichen, dann abgießen. Den Knoblauch schälen und fein hacken. Die Petersilie waschen und trockenschütteln, die Blätter von den Stielen zupfen und grob hacken.

2 In einem Topf die Hälfte der Butter zerlassen und die Zwiebel darin bei kleiner Hitze glasig dünsten. Mit Wein ablöschen und weitergaren, bis die Flüssigkeit verkocht ist. Den ungewaschenen Reis dazugeben und unter Rühren etwa 1 Minute andünsten, bis die Reiskörner gleichmäßig mit Fett überzogen sind.

3 Von der heißen Brühe 200 ml abmessen, zum Reis gießen und einkochen lassen. Diesen Vorgang wiederholen, bis der Reis gar ist, ab und zu umrühren. Das dauert 15 bis 20 Minuten.

4 Das Olivenöl in einer Pfanne erhitzen, die Pilze und den Knoblauch darin so lange bei starker Hitze braten, bis die Flüssigkeit verdampft ist. Mit Salz und Pfeffer würzen.

5 Sobald der Risotto gar ist, die Pilze mit der Petersilie unter den Reis mischen und kurz mitkochen lassen. Den gegarten Risotto mit Salz und Pfeffer abschmecken. Die restliche Butter und den Parmesan leicht untermischen und den Risotto sofort servieren.

Risotto con radicchio

Risotto mit Radicchio

Zutaten für 4 Personen

300 g Radicchio
2 Schalotten
1/4 Knoblauchzehe
50 g Butter
300 g Arborio- oder anderer Risotto-Reis
Salz
160 ml Weißwein
1 l heißer Geflügelfond
50 g frisch geriebener Parmesan
40 g Butter (in 4 Scheiben)

1 Die Radicchioblätter putzen, waschen, trockenschütteln und in Streifen schneiden. Die Schalotten und den Knoblauch schälen, beides fein hacken.

2 In einem Topf die Butter zerlassen, die Schalotten und den Knoblauch darin bei mittlerer Hitze glasig dünsten. Mit dem Weißwein ablöschen und alles weitergaren, bis die Flüssigkeit verdampft ist. Den ungewaschenen Reis dazugeben und unter Rühren etwa 1 Minute andünsten, bis die Reiskörner gleichmäßig mit Fett überzogen sind.

3 Vom heißen Geflügelfond 200 ml abmessen, zum Reis dazugießen und einkochen lassen. Diesen Vorgang wiederholen, bis der Reis gar ist. Das dauert 15 bis 20 Minuten.

4 Sobald der Risotto gar ist, den geschnittenen Radicchio dazugeben und mitdünsten, bis er zusammenfällt. Zum Schluss den Parmesan unterrühren.

5 Den Risotto mit Salz und Pfeffer abschmecken, auf Teller verteilen und mit den Butterscheiben belegen. Nach Belieben mit Parmesanstückchen bestreut servieren.

RISOTTO E PEOCI

Muschel-Risotto

Zutaten für 4 Personen

2 Knoblauchzehen
1/2 Zwiebel
1 kg Miesmuscheln
2 EL Olivenöl (extra vergine)
2 EL Butter
200 ml Weißwein
300 g Arborio- oder anderer Risotto-Reis
etwa 1 l heiße Brühe
1 Bund Petersilie
Salz, schwarzer Pfeffer aus der Mühle

1 Den Knoblauch schälen und mit einem Messer leicht zerdrücken. Die Zwiebel schälen und fein hacken. Die Muscheln unter fließendem kaltem Wasser gründlich abbürsten und sorgfältig die Bärte entfernen. Geöffnete Muscheln aussortieren.

2 In einem großen Topf die Muscheln mit 1 Knoblauchzehe und dem Olivenöl unter ständigem Rühren so lange erhitzen, bis sich alle Schalen geöffnet haben. Ungeöffnete Muscheln aussortieren. Das Muschelfleisch mit einem Messer aus den Schalen lösen. Den beim Kochen entstandenen Muschelsud durch ein Sieb abgießen.

3 In einem Topf 1 Esslöffel Butter zerlassen und die zweite Knoblauchzehe darin so lange braten, bis sie braun wird, dann wieder entfernen. Die Zwiebel in die Butter geben und darin glasig dünsten.

4 Mit Weißwein ablöschen und alles weitergaren, bis die Flüssigkeit verdampft ist. Den ungewaschenen Reis dazugeben und unter Rühren etwa 1 Minute andünsten, bis die Reiskörner gleichmäßig mit Fett überzogen sind.

5 Den Muschelsud dazugeben und einkochen lassen. Den Vorgang nach und nach mit der kochenden Brühe wiederholen und den Reis auf diese Weise gar kochen, dabei ab und zu umrühren.

6 Petersilie waschen und trockenschütteln, die Blätter von den Stielen zupfen und fein hacken. Sobald der Risotto knapp gar ist, mit Salz und Pfeffer abschmecken. Die Muscheln, die Petersilie und die restliche Butter untermischen und den Risotto zugedeckt noch einige Minuten ziehen lassen. Nach Belieben mit Muschelschalen garniert servieren.

RISOTTO NERO CON LE SEPPIE

Schwarzer Risotto mit Tintenfischen und Tomaten

Zutaten für 4 Personen

500 g Tintenfische oder Kalmare
(mit Tintenbeutel)
1 EL getrocknete Pilze
1 Zwiebel
1 Möhre
1 Stange Staudensellerie
1 Bund Petersilie
5 EL Olivenöl (extra vergine)
250 g geschälte Tomaten (aus der Dose)
Salz, schwarzer Pfeffer aus der Mühle
300 g Arborio- oder anderer Risotto-Reis
etwa 1 l heiße Brühe

1 Tintenfische putzen, waschen und trockentupfen. Die gefüllten Tintenbeutel vorsichtig in eine Schüssel legen. Tintenfischkörper und -tentakel in kleine Stücke schneiden.

2 Die getrockneten Pilze in lauwarmem Wasser einweichen. Die Zwiebel und die Möhre schälen. Den Sellerie putzen und waschen. Die Petersilie waschen und trockenschütteln, die Blätter von den Stielen zupfen. Das Gemüse und die Petersilie möglichst klein schneiden bzw. fein hacken. Die eingeweichten Pilze durch ein Sieb abgießen, ausdrücken und hacken.

3 In einem Topf das Olivenöl erhitzen, das gehackte Gemüse und die Pilze darin etwa 5 Minuten anbraten. Die Tomaten mit etwas Saft dazugeben und mit einem Kochlöffel zerdrücken. Alles bei mittlerer Hitze 10 Minuten schmoren lassen.

4 Die Tintenfischstückchen in die Sauce geben, mit wenig Salz und reichlich Pfeffer würzen. Die Tintenbeutel öffnen, die Tinte mit in den Topf geben. Alles zugedeckt bei kleiner Hitze etwa 45 Minuten weich kochen.

5 Den ungewaschenen Reis dazugeben und so lange unterrühren, bis er die Flüssigkeit vollständig aufgenommen hat. Von der Brühe 200 ml abmessen, zum Reis gießen und einkochen lassen. Diesen Vorgang wiederholen, bis der Risotto nach etwa 20 Minuten gar ist, von Zeit zu Zeit umrühren. Den Risotto nach Belieben mit Petersilie garniert servieren.

POLENTA PASTICCIATA

Gratinierte Polenta

Zutaten für 4 Personen

Salz, 300 g Maisgrieß
1 Zwiebel
75 g durchwachsener Räucherspeck
2 Möhren
1 Stange Staudensellerie
2–3 EL Butter
350 g Rinderhackfleisch
400 g Tomaten
4 EL trockener Weißwein
schwarzer Pfeffer aus der Mühle
100 g frisch geriebener Parmesan

1 Genau 1 Liter Wasser mit etwas Salz zum Kochen bringen. Den Maisgrieß unter Rühren in das kochende Salzwasser einstreuen und unter ständigem Rühren etwa 20 Minuten garen. Dann die Polenta etwa 2 cm hoch auf ein Brett streichen und 1 Stunde abkühlen lassen.

2 Die Zwiebel schälen und fein hacken. Den Speck in Würfel schneiden. Die Möhren schälen und ebenfalls in Würfel schneiden. Den Sellerie putzen und waschen, wenn nötig, die Fäden abziehen. Die Selleriestange in feine Scheiben schneiden.

3 In einem Topf 1 Teelöffel Butter zerlassen, Zwiebeln und Speckwürfel darin unter Rühren braten, bis die Zwiebeln glasig sind und der Speck etwas ausgebraten ist. Das Gemüse dazugeben und andünsten. Zuletzt das Hackfleisch hinzufügen und mitbraten, bis es gleichmäßig hell und krümelig ist.

4 Die Tomaten überbrühen, häuten, halbieren und entkernen. Das Fruchtfleisch grob zerkleinern und mit dem Wein zur Sauce geben. Mit Salz und Pfeffer würzen und zugedeckt etwa 15 Minuten garen. Zum Schluss offen weitergaren und die Flüssigkeit etwas einkochen lassen. Den Backofen auf 200 °C vorheizen.

5 Die Polenta mit einem angefeuchteten Messer in Rechtecke schneiden. Eine ofenfeste Form lagenweise mit Polentaschnitten und Fleischsauce füllen. Dabei immer etwas geriebenen Parmesan über die Polenta streuen. Mit Polenta abschließen. Zuletzt mit Butterflöckchen belegen und den restlichen Parmesan darüber verteilen. Die Polenta im Ofen etwa 35 Minuten garen, bis sie gebräunt ist.

RISOTTO CON CARNE

Risotto mit Rindfleisch

Zutaten für 6 Personen

50 g Pancetta, 2 Knoblauchzehen
1 EL Rosmarinnadeln
2 Salbeiblätter
4 EL Butter
120 g Rinderhackfleisch
Salz, schwarzer Pfeffer aus der Mühle
325 ml Barolo oder anderer Rotwein
250 ml Rinderfond
(mit Wasser auf 1,2 l verdünnt)
450 g Arborio- oder anderer Risotto-Reis
6 EL frisch geriebener Parmesan

1 Pancetta in kleine Würfel schneiden. Den Knoblauch schälen und fein hacken. Rosmarin und Salbei waschen, trockentupfen und ebenfalls fein hacken.

2 In einem weiten Topf 1 Esslöffel Butter zerlassen, Pancetta und Knoblauch darin bei mittlerer Hitze anbraten, dabei gelegentlich umrühren. Wenn der Knoblauch hellgelb ist, Rosmarin und Salbei hinzufügen, unter Rühren einige Sekunden garen, dann das Hackfleisch dazugeben. Das Fleisch mit einer Gabel zerkrümeln und anbraten, dabei öfter umrühren. Mit Salz und reichlich Pfeffer würzen.

3 Wenn das Fleisch gebräunt ist, mit 250 ml Rotwein ablöschen und einkochen, bis nur noch eine dünne Schicht am Topfboden zu sehen ist. Den verdünnten Fond zum Kochen bringen.

4 Die Hitze verstärken und den ungewaschenen Reis dazugeben. Unter Rühren etwa 1 Minute andünsten, bis die Reiskörner gleichmäßig mit Fett und den übrigen Zutaten überzogen sind.

5 Von der heißen Brühe 100 ml abmessen, zum Reis gießen und einkochen lassen. Diesen Vorgang wiederholen, bis der Reis fast gar ist – das dauert etwa 25 Minuten. Dann den restlichen Rotwein hinzufügen und den Risotto unter Rühren weiterkochen, bis der Wein völlig verdampft ist.

6 Die restliche Butter und den Parmesan unter den Risotto mischen. Den Risotto mit Salz abschmecken und sofort servieren. Nach Belieben mit Rosmarin und Salbeiblättern garnieren und frisch geriebenen Parmesan dazu reichen.

POLENTA E FONTINA

Polenta-Auflauf mit Fontina

Zutaten für 4 Personen

Salz, 300 g Maisgrieß
150 g Fontina-Käse
(in feinen Scheiben)
weißer Pfeffer aus der Mühle
Butter für die Form und
zum Überbacken

1 Genau 1 Liter Wasser mit etwas Salz zum Kochen bringen. Den Maisgrieß unter Rühren in das kochende Salzwasser einstreuen und unter ständigem Rühren etwa 20 Minuten garen. Die Polenta dann in eine mit Wasser ausgespülte tiefe Schüssel gießen und abkühlen lassen.

2 Den Backofen auf 200 °C vorheizen. Die abgekühlte Polenta aus der Schüssel stürzen, in etwa 5 mm dicke Scheiben schneiden und diese abwechselnd mit den Fontina-Scheiben dachziegelartig in eine gebutterte ofenfeste Form schichten.

3 Den Auflauf mit Pfeffer bestreuen, mit Butterflöckchen belegen und im Ofen 30 Minuten gratinieren.

POLENTA AL ROSMARINO

Polenta mit Rosmarin

Zutaten für 4 bis 6 Personen

Salz, 3 TL frisch gehackter Rosmarin
450 g Maisgrieß
50 g Butter
100 g frisch geriebener Parmesan
150 g flüssige Butter oder
Olivenöl (extra vergine)

1 Genau 1,5 Liter Wasser mit etwas Salz zum Kochen bringen. Die Rosmarinnadeln hinzufügen. Den Maisgrieß unter Rühren in das kochende Salzwasser einstreuen und unter ständigem Rühren etwa 25 Minuten garen.

2 Am Ende der Garzeit die Butter hinzufügen und unterrühren. Die Polenta mit dem Parmesan und der flüssigen Butter bzw. mit dem Olivenöl vermischen und sofort servieren.

Küchentipp: Je länger die Polenta gekocht wird, umso bekömmlicher ist sie. Falls sie zu trocken wird, kann man nachträglich noch etwas kochendes Wasser untermischen – das verleiht der Polenta eine weiche Konsistenz.

FETTE DI POLENTA AI FUNGHI

Frittierte Polenta-Schnitten mit Pilzen

Zutaten für 4 Personen

Salz, 300 g Maisgrieß
1 kleine Zwiebel
150 g Champignons
4 EL Olivenöl (extra vergine)
4 Sardellenfilets (in Salz)
2 EL frisch gehackte Petersilie
reichlich Salbeiblätter
schwarzer Pfeffer aus der Mühle
Öl zum Frittieren
etwas Mehl zum Wenden

1 Genau 1,25 Liter Wasser mit etwas Salz zum Kochen bringen. Den Maisgrieß unter Rühren einstreuen und unter ständigem Rühren etwa 45 Minuten garen.

2 Die Zwiebel schälen und fein hacken. Die Champignons putzen, mit Küchenpapier abreiben und in Scheiben schneiden.

3 Kurz vor Ende der Garzeit der Polenta das Olivenöl in einer Pfanne erhitzen und die Zwiebel darin glasig dünsten. Die Champignons hinzufügen und einige Minuten schmoren lassen.

4 Sardellen abspülen, mit Küchenpapier trockentupfen und klein schneiden. Sardellen, Petersilie und einige Salbeiblätter hinzufügen, pfeffern und vorsichtig salzen.

5 Die Pilzmischung unter die gegarte Polenta rühren. Dann die Polenta etwa 2 cm hoch auf ein Brett streichen und etwa 1 Stunde abkühlen lassen.

6 Reichlich Öl zum Frittieren erhitzen. Es ist heiß genug, wenn an einem hölzernen Kochlöffelstiel, den man ins Öl taucht, kleine Bläschen aufsteigen. Die Polenta in Stücke schneiden, leicht im Mehl wenden und portionsweise mit den restlichen Salbeiblättern im Öl schwimmend ausbacken. Mit einem Schaumlöffel herausheben, kurz auf Küchenpapier abtropfen lassen und noch heiß servieren.

GNOCCHI ALLE ERBE

Kräuter-Gnocchi

Zutaten für 4 Personen

800 g mehlig kochende Kartoffeln
100 g Ricotta
100 g frisch geriebener Grana padano
100 g Mehl
4 EL frisch gehackte Kräuter
(z. B. Basilikum, Dill, Kerbel, Petersilie)
100 g blanchierter, gehackter Spinat
2 Eigelb
Salz, schwarzer Pfeffer aus der Mühle
frisch geriebene Muskatnuss
Mehl für die Arbeitsfläche
250 g Sahne
125 ml Kalbsfond, 2 EL Weißwein
4 EL frisch gehackte Petersilie

1 Kartoffeln waschen und in der Schale etwa 20 Minuten garen. Abdampfen lassen, pellen und noch heiß durch die Kartoffelpresse drücken. Die Kartoffelmasse abkühlen lassen. Ricotta, Grana padano, Mehl und gehackte Kräuter zu den Kartoffeln geben.

2 Den Spinat und 1 Eigelb hinzufügen. Die Kartoffelmasse mit Salz, Pfeffer und Muskatnuss würzen und mit den Händen rasch zu einem Teig verkneten. Aus dem Kartoffelteig auf einer bemehlten Arbeitsfläche fingerdicke Rollen formen. In 3 cm lange Stücke schneiden und jeweils mit dem Gabelrücken leicht eindrücken. Die Gnocchi in reichlich kochendem Salzwasser etwa 5 Minuten gar ziehen lassen, bis sie an der Oberfläche schwimmen.

3 Sahne, Kalbsfond und Weißwein in einem Topf auf die Hälfte einkochen lassen. Mit Salz und Pfeffer würzen und das restliche verquirlte Eigelb unterziehen. Nicht mehr kochen lassen.

4 Die Gnocchi mit einem Schaumlöffel aus dem Wasser heben, gut abtropfen lassen und in die Sauce geben. Die gehackte Petersilie darüber streuen, kurz durchschwenken und servieren.

STRANGOLAPRETI

Spinatknödel

Zutaten für 4 Personen

250 g Toastbrot (vom Vortag)
125 ml Milch, 3 Eier
1 Zwiebel
1 Knoblauchzehe
500 g frischer Spinat
oder 300 g tiefgekühlter Spinat
3 EL Butter
etwa 6 EL Paniermehl
135 g Pecorino
1 EL frisch gehackter Oregano
Salz, schwarzer Pfeffer aus der Mühle
frisch geriebene Muskatnuss

1 Das Toastbrot in 1 cm kleine Würfel schneiden. Milch und Eier verquirlen und die Brotwürfel darin einweichen. Zwiebel und Knoblauch schälen und fein hacken. Den Spinat verlesen, waschen und abtropfen lassen. Die Spinatblätter gut ausdrücken und sehr fein hacken.

2 In einem großen Topf 1 Esslöffel Butter zerlassen, Zwiebel und Knoblauch darin glasig dünsten. Den Spinat dazugeben und kurz mitdünsten, bis er zusammenfällt. Alles in ein Sieb geben und gut ausdrücken, der Spinat muss sehr trocken sein.

3 Eingeweichte Brotwürfel, Paniermehl, 75 g frisch geriebenen Pecorino und Oregano mit dem Spinat gut vermischen. Mit Salz, Pfeffer und Muskatnuss kräftig abschmecken.

4 Mit angefeuchteten Händen etwa 18 kleine Knödel formen. Am besten einen Probeknödel kochen. Sollte er zu weich sein, noch etwas Paniermehl unter die Masse rühren.

5 Die Strangolapreti in siedendem, nicht kochendem Salzwasser etwa 8 Minuten gar ziehen lassen, bis sie an der Oberfläche schwimmen. Die Strangolapreti mit einem Schaumlöffel herausheben und gut abtropfen lassen.

6 Die restliche Butter zerlassen und über die Strangolapreti gießen. Den restlichen Pecorino grob darüber hobeln.

GNOCCHI ALLA SALVIA

Gnocchi mit Salbeibutter

Zutaten für 4 Personen

1 kg mehlig kochende Kartoffeln
Salz
220 g Mehl, 2 Eier
Mehl für die Arbeitsfläche
1 Bund Salbei, 80 g Butter
50 g frisch geriebener Parmesan

1 Die Kartoffeln waschen und in der Schale etwa 20 Minuten garen. Kurz abdampfen lassen, pellen und noch heiß durch die Kartoffelpresse drücken. Salzen und abkühlen lassen. Das Mehl und die Eier unter die Kartoffelmasse kneten.

2 Aus dem Kartoffelteig auf einer bemehlten Arbeitsfläche fingerdicke Rollen formen. Die Teigrollen jeweils in etwa 3 cm dicke Stücke schneiden und mit dem Gabelrücken leicht eindrücken.

3 Die Gnocchi in reichlich kochendem Salzwasser etwa 5 Minuten gar ziehen lassen, bis sie an der Oberfläche schwimmen. Dann mit einem Schaumlöffel herausnehmen und warm stellen.

4 Den Salbei waschen, die Blätter von den Stielen zupfen und trockentupfen. In einer Pfanne die Butter zerlassen und die Salbeiblätter darin schwenken. Die abgetropften Gnocchi mit der Salbeibutter anrichten und mit Parmesan bestreut servieren.

GNOCCHI ALLE BARBABIETOLE

Gnocchi mit Roter Bete

Zutaten für 4 bis 6 Personen

1 kg mehlig kochende Kartoffeln, Salz
300 g Mehl, 2 Eier
1 gegarte Rote Bete
Mehl für die Arbeitsfläche
schwarzer Pfeffer aus der Mühle
zerlassene Butter oder Olivenöl (extra vergine)
50 g frisch geriebener Parmesan

1 Aus Kartoffeln, Salz, Mehl und den Eiern wie im neben stehenden Rezept beschrieben den Gnocchi-Teig zubereiten. Die gegarte Rote Bete schälen und im Mixer fein pürieren. Das Rote-Bete-Püree unter den Gnocchi-Teig kneten.

2 Aus dem Teig auf einer bemehlten Arbeitsfläche fingerdicke Rollen formen. Die Teigrollen jeweils in etwa 3 cm lange Stücke schneiden und mit dem Gabelrücken leicht eindrücken.

3 Die Gnocchi in reichlich kochendem Salzwasser etwa 5 Minuten gar ziehen lassen, bis sie an der Oberfläche schwimmen. Mit einem Schaumlöffel herausheben und gut abtropfen lassen. Die Gnocchi mit zerlassener Butter oder Olivenöl anrichten und mit Parmesan bestreut servieren.

GNOCCHI DI ZUCCA

Kürbis-Gnocchi

Zutaten für 4 Personen

500 g Kürbis, Salz
etwa 150 g Mehl und Mehl für die Arbeitsfläche
zerlassene Butter oder Olivenöl (extra vergine)
50 g frisch geriebener Parmesan

1 Den Kürbis so schälen, dass die unter der Schale liegende grüne Schicht entfernt wird. In zwei Hälften teilen, entkernen, das Fruchtfleisch grob zerkleinern und in kochendem Salzwasser weich garen. Durch ein Sieb streichen oder im Mixer pürieren und das Püree mit dem Mehl und 1 Prise Salz auf einer bemehlten Arbeitsfläche zu einem elastischen Teig verkneten.

2 Aus dem Teig fingerdicke Rollen formen. Die Teigrollen in etwa 3 cm lange Stücke schneiden und jeweils mit dem Gabelrücken leicht eindrücken.

3 Die Gnocchi in reichlich kochendem Salzwasser etwa 5 Minuten gar ziehen lassen, bis sie an der Oberfläche schwimmen. Mit einem Schaumlöffel herausheben und gut abtropfen lassen. Die Gnocchi nach Belieben auf blanchierten Mangoldblättern anrichten, mit zerlassener Butter oder Olivenöl übergießen und mit Parmesan bestreut servieren.

GNOCCHI DI SEMOLINO

Gnocchi mit Hartweizengrieß

Zutaten für 4 Personen

1 l Milch, 160 g Butter, Salz
250 g Hartweizengrieß
4 Eier, 1 EL Sahne
etwa 100 g frisch geriebener Parmesan
schwarzer Pfeffer aus der Mühle
frisch geriebene Muskatnuss
etwa 4 EL Paniermehl

1 Die Milch mit 50 g Butter und 1 Prise Salz aufkochen. Wenn die Milch kocht, unter ständigem Rühren den Grieß einstreuen. Weiterrühren und 15 bis 20 Minuten kochen. Vom Herd nehmen und abkühlen lassen.

2 Die Eier trennen. Eigelb mit Sahne und 4 Esslöffeln Parmesan verquirlen und unter die abgekühlte Grießmasse rühren. Mit Salz, Pfeffer und Muskatnuss würzen. Das Eiweiß steif schlagen und unterheben. Etwa 30 Minuten ruhen lassen, dann aus der Masse mit einem angefeuchteten Esslöffel Nocken abstechen.

3 Den Backofen auf 200 °C vorheizen. Eine ofenfeste Form mit Butter einstreichen, die restliche Butter zerlassen. Die Gnocchi in die Form schichten, dabei jede Schicht mit Paniermehl und Parmesan bestreuen und mit der Butter übergießen. Die Gnocchi im Ofen etwa 10 Minuten goldbraun überbacken und mit Parmesan bestreut sofort servieren.

Fisch

SALTANO I PESCI

Wo Fische springen, fallen die Netze ins Meer

Das Meer umspült etwa 7500 Kilometer Küste, zwei große sowie einige kleinere Inseln und Inselgruppen. Die fruchtbarsten Fanggründe sind die seichten, warmen Gewässer der Lagunen, in denen sich vom Aal bis zur Seespinne eine unglaublich schillernde Artenvielfalt tummelt. Trapani im Süden und Venedig im Norden betreiben die Lagunenfischerei am intensivsten. Und Chioggia, die kleine Nachbarin der »Serenissima«, mischt auch noch kräftig mit.

Frisch aus der Lagune zum Verkauf: Frühmorgens wird der Fang der Nacht angeboten, nachmittags die Ware des Tages.

Bunte Holzboote in allen Größen, beladen mit grünen, weißen oder braunen Netzen, abenteuerlich ausstaffiert mit selbst gebastelten Sonnensegeln aus verblichenen Blümchenvorhängen, mit Motorabdeckungen aus altgedienten Steppdecken: Den Spaziergängern an Chioggias drei Kanälen Lombardo Interno, Vena und San Domenico zeigt das Inselstädtchen leuchtende, fröhliche Bilder. Wie Perlen an schmucken Ketten aufgefädelt dümpeln die Bötchen in Häfen und Kanälen, die Sonne scheint, die Fischer flicken ihre Netze.

Otelio Balarin ist fast siebzig Jahre alt. Seit seiner Kindheit fährt er beinahe täglich in die venezianische Lagune hinaus. Einmal Fischer, immer Fischer, erst als Gehilfe des Vaters, dann als Berufsfischer, jetzt in der Rente als Hobbyfischer. Mit seinem Kumpel Massimo schippert er uns in die Lagune, in einen mehr als nur gut bestellten Meeresacker. Dicht an dicht stehen die Holzpflöcke der Muschelbänke, zwischen den Bänken immer wieder Pfahlbauten, Hütten mit Plattformen aus Holz. Große, schnelle Motorboote legen dort an, holen große Plastikwannen voller Muscheln ab, brausen in Windeseile davon in Richtung Chioggia. Die Fracht ist leicht verderblich, muss so schnell wie möglich in die *purificatori* gebracht werden, in die Muschelreinigungsanlagen. Otelio sticht mit einem Ruder ins trübe Wasser, schaut konzentriert auf den Meeresspiegel. »Hast du einen Fisch springen sehen?«, fragt er seinen Gehilfen. Der schüttelt bedauernd den Kopf, die Fahrt geht weiter mit Stochern und Spähen. Der Fischer kennt die Lagune zwischen Chioggia und Venedig wie seine Westentasche. Er weiß, welche Ein- oder Ausbuchtung reiche Beute an kleinen *passarini*-Fischen bringt, um welches der ungezählten Inselchen welche Fischschwärme kreisen. Und da springen sie plötzlich, die gesuchten *otregani*, eine lagunentypische Meeräsche, eine der besten, die es gibt. Die Fischer reagieren blitzschnell. Massimo wirft das Netz aus, während Otelio einen großen Bogen mit dem Boot beschreibt. Dann schlägt Massimo das Holzruder laut und rhythmisch an den Bootsrand. Das erschreckt die eingekreisten Fische und treibt sie ins Netz. Nach einiger Zeit zieht Massimo das Netz Meter für Meter zurück ins Boot. Silbern schimmern die zappelnden Fische, die mit einem ganz speziellen Handgriff aus den Maschen zu ziehen sind.

Das ist Fischen wie in der guten alten Zeit«, sagt Otelio. Mehr als ein großer Eimer *otregani* ist nicht ins Netz gegangen. »Für uns Kleine lohnt sich der Fischfang längst nicht mehr«, erzählen die Männer. Eine immer größere Anzahl an Fischern muss sich immer weniger Beute teilen, es gibt lange Schonzeiten, um der Überfischung Herr zu werden. Und es gibt die großen, modernen Kutter, die bis zu zwei Tage unterwegs sein und auch auf hoher See fischen können. Frühmorgens zwischen vier und sechs Uhr steuern sie den *mercato ittico* an, den Fischgroßmarkt am Canale San Domenico, den größten Fischmarkt Italiens. Hier ist Fischen keine pittoreske Angelegenheit, sondern hartes Geschäft, Tempo und gute Gewinne sind alles. Um sich in aller Ruhe einen Überblick darüber zu verschaffen, was sich in der venezianischen Lagune alles tummelt, muss man später am Morgen auf den nahe gelegenen Verbraucher-Fischmarkt gehen. Dort werden die Impressionen wieder malerisch: Die Fischhändler pulen kleine Krabben, arrangieren auf ihren Kühltheken wahre Stillleben aus typisch venezianischen Lagunentieren wie den Seespinnen *granseole*, den *boboli*-Schnecken, den *bulli*- oder *canestrelli*-Muscheln. Aale winden sich in den Wannen, nicht weniger als 40 verschiedene Fisch- oder Krakenarten stehen zum Verkauf. Chioggias Fischverkäufer decken sich täglich auf dem Großmarkt ein, bei den schnellen, gut organisierten Profi-Fischern. Otelio Balarin und mit ihm die große Flotte der kleinen Fischer aus Passion fischen für ihre Familie und den Bekanntenkreis.

MITI DEL MARE

Mythen und Bräuche des Mittelmeers

D die Vermählung mit dem Meer, *lo sposalizio del mare* – im Jahr 1311 hat die einstige Seerepublik Venedig diesen Bund erstmals symbolisch geschlossen. Seither feiert sie ihn jedes Jahr am Himmelfahrtstag. Angeführt vom *bucintorno*, dem prächtigen Staatsschiff, zieht ein festlicher Korso von Gondeln und Schiffen über die Lagune zum Lido. Dort wirft ein Schauspieler im Dogengewand einen von Priestern gesegneten Ring ins Wasser, das Zeichen für die Erneuerung des Hochzeitsschwurs der »Serenissima«. Im Osten, im Süden, im Westen – Italiens Nachbar ist das Meer. Millionen von Menschen leben an ihm, mit ihm, von ihm. Venedigs *sposalizio* bringt diese enge Verbindung am schönsten zum Ausdruck. Doch auch die übrigen Küstenorte haben ihre maritimen Rituale, Feste für das Meer und seine Menschen, die häufig mit opulenten Gelagen verbunden sind. So richten die Fischer im ligurischen Küstenort Camogli am zweiten Sonntag im Mai die *sagra del pesce* aus. An diesem Festtag wandern gut 30 Zentner Fisch in eine riesige Pfanne, die Fischer bekochen die Festgäste höchstpersönlich. Im sizilianischen Hafenort Avola feiern die Einheimischen am Mariä-Himmelfahrts-Tag auch das Fest ihrer Schutzpatronin Santa Venera. Nachts liegen alle Fischerboote beleuchtet vor den Stränden, wo in großen Mengen *brodetti* geköchelt werden, Fischsuppen, deren Zutaten in Meerwasser garen.

Die Früchte des Meeres kommen aus sehr unterschiedlichen Fanggründen. Die fruchtbarsten sind die großen Lagunen, aber auch die Deltas großer Flüsse wie Etsch und Po, in denen wandernde Tiere wie Aale oder Störe zwischen Süß- und Salzwasser pendeln können. Ein nahezu mythischer Fanggrund ist die Nordküste Siziliens. Durch die Meerenge von Messina ziehen im Frühjahr regelmäßig Thunfischschwärme aus dem Nordatlantik zu ihren Laichgründen vor der afrikanischen Küste. Direkt vor der Haustür betreiben die Fischer daher seit urdenklichen Zeiten Hochseefischerei auf eine ganz besondere Art: die *tonnara*. Dieser traditionelle Thunfischfang ist heute ein folkloristisches Fest, allerdings ein recht blutiges Spektakel und für zart besaitete Zuschauer kaum geeignet: Unter Gesängen ziehen die Fischer in Gruppen mit ihren Holzbooten aufs Meer, um die bis zu 90 Kilogramm schweren Thunfische, die zuvor durch ein ausgeklügeltes Reusensystem in die Todesfalle, die *camera della morte*, getrieben wurden, zu erlegen und an Bord zu hieven. Die Thunfischfischer der alten Schule haben einen großen Ruf, die Väter bringen ihren Söhnen die alten Tricks und Techniken bei. Und so gibt es sie noch immer – und immer wieder: die alten Männer und das Meer.

SARDE RIPIENE

Gefüllte Sardinen

Mangold

Das knackige grüne Blattgemüse, auf Italienisch »bietole«, kann ähnlich wie Spinat zubereitet werden. Aber auch die weißen Mangoldstiele allein sind eine italienische Köstlichkeit, mit geriebenem Parmesan überbacken heißen sie »coste gratinate«.

Zutaten für 4 Personen

700 g frische Sardinen
1 Brötchen (vom Vortag)
250 g Mangold, Salz
2 Knoblauchzehen
1 Bund Basilikum
40 g frisch geriebener Parmesan, 1 Ei
weißer Pfeffer aus der Mühle
4 EL Olivenöl (extra vergine)
1 EL Pinienkerne

1 Die Sardinen unter fließendem kaltem Wasser waschen und gründlich trockentupfen. Die Köpfe abschneiden. Die Fische an der Bauchseite mit einem spitzen, scharfen Messer aufschneiden. Die Mittelgräte anheben und vorsichtig herausziehen.

2 Das Brötchen in kaltem Wasser einweichen, dann gut ausdrücken und fein zerpflücken.

3 Den Mangold putzen und waschen. In kochendem Salzwasser etwa 2 Minuten blanchieren. Kalt abschrecken, abtropfen lassen und sehr fein hacken. Den Knoblauch schälen und ebenfalls fein hacken. Das Basilikum waschen und trockenschütteln, die Blätter von den Stielen zupfen und fein hacken.

4 Den Backofen auf 240 °C vorheizen. Den Mangold mit Knoblauch, Basilikum, Käse, der Brötchenmasse und dem Ei vermengen. Mit Salz und Pfeffer abschmecken.

5 Die Mangoldmischung in die Bauchhöhlen der Sardinen füllen. Die Fische nebeneinander in eine ofenfeste Form legen. Mit dem Olivenöl beträufeln und zum Schluss mit den Pinienkernen bestreuen.

6 Die gefüllten Sardinen im Ofen etwa 15 Minuten backen. Heiß servieren.

ALICI ALLA REGGINA

Sardellen nach Art von Reggio Calabria

Zutaten für 4 bis 6 Personen

1 kg frische Sardellen
1 Bund Petersilie
1 Knoblauchzehe
50 g grüne Oliven
1 EL Kapern (in Salz)
14 EL Paniermehl
6–7 EL Olivenöl (extra vergine)
Salz, schwarzer Pfeffer aus der Mühle

1 Die Sardellen unter fließendem kaltem Wasser waschen und mit Küchenpapier gründlich trockentupfen.

2 Die Petersilie waschen und trockenschütteln, die Blätter von den Stielen zupfen und hacken. Den Knoblauch schälen und mit den Petersilienblättern hacken. Die Oliven entsteinen und in kleine Stücke schneiden. Die Kapern abspülen und trockentupfen.

3 Petersilie, Oliven, Kapern und 10 Esslöffel Paniermehl in eine Schüssel geben. Die Zutaten gut vermischen, 5 Esslöffel Olivenöl dazugeben und unterrühren.

4 Den Backofen auf 170 °C vorheizen. Eine ofenfeste Form mit Olivenöl einfetten und mit 2 Esslöffeln Paniermehl bestreuen. Die Sardellen hineinschichten, mit Salz und Pfeffer würzen und die Oliven-Kapern-Mischung darüber geben. Mit 2 Esslöffeln Paniermehl bestreuen und mit dem übrigen Olivenöl beträufeln.

5 Die Sardellen im Ofen etwa 30 Minuten backen, bis sich die Paniermehl-Kruste goldgelb gefärbt hat. Aus dem Ofen nehmen und sofort servieren.

Sardellen

Die »acciughe«, »alici« oder Anchovis sind die kleinsten der Heringsfische. Sie müssen nicht ausgenommen werden, sondern können im Ganzen mit Haut und Gräten gegessen werden. Sardellen werden wegen ihres würzigen Aromas geschätzt.

CERNIA AL FORNO CON CARCIOFI

Gebackener Barsch mit Artischocken

Zutaten für 4 Personen

4 junge, zarte Artischocken, ½ Zitrone
4 EL Olivenöl (extra vergine)
3 EL frisch gepresster Zitronensaft
Salz, schwarzer Pfeffer aus der Mühle
1 Zackenbarsch
(etwa 1–1,2 kg; küchenfertig)
1 kleiner Rosmarinzweig oder
1 TL getrocknete Rosmarinnadeln

1 Von den Artischocken die harten Außenblätter und die Blattspitzen entfernen. Die Stielenden kürzen und großzügig schälen. Die Artischocken der Länge nach halbieren. Die Schnittflächen mit der Zitronenhälfte einreiben, damit sie sich nicht verfärben.

2 Olivenöl, Zitronensaft, mehrere Prisen Salz und etwas Pfeffer in einer kleinen Schüssel verrühren und beiseite stellen.

3 Den Backofen auf 220 °C vorheizen. Den Zackenbarsch von innen und außen unter fließendem kaltem Wasser waschen, mit Küchenpapier gründlich trockentupfen und in eine ofenfeste Form legen.

4 Die Artischockenhälften und die Olivenöl-Zitronen-Mischung gleichmäßig auf dem Fisch verteilen. Die Artischocken wenden, damit sie gut mit der Ölmischung überzogen sind, einige davon in die Bauchhöhle des Fisches stecken. Den Fisch mit etwas Ölmischung übergießen. Den Rosmarinzweig dazugeben oder den gehackten Rosmarin gleichmäßig auf den Fisch streuen.

5 Die Form in den Ofen schieben. Nach etwa 15 Minuten den Fisch mit Schmorflüssigkeit aus der Form begießen. Den Fisch weitere 10 bis 12 Minuten garen. Den Zackenbarsch aus dem Ofen nehmen und kurz ruhen lassen. Nach Belieben mit Fenchelgrün oder Dill garnieren und in der Form servieren.

Barsche haben genau jene Größe, die Italiener für die Zubereitung von ganzen Fischen bevorzugen. Die archaischste und immer noch gebräuchlichste Art der Zubereitung ist das Grillen, ein Handwerk, das selbst einfache »trattorie« meist perfekt beherrschen. Einen Hauch von Feuer und Rauch, Olivenöl, Zitronensaft, frische Kräuter – was braucht ein fangfrischer Mittelmeerfisch mehr? Die Antwort heißt Abwechslung. Also werden Makrelen, Barsche und Brassen auch mit Rosmarin und Knoblauch in der Pfanne gebraten, mit oder ohne Gemüse im Backofen gebacken oder geschmort.

TROTE AFFOGATE

Kräuterforellen in Weißwein

Zutaten für 4 Personen

4 frische Forellen
(je etwa 250 g; küchenfertig)
Salz, weißer Pfeffer aus der Mühle
2 EL Mehl
1 großes Bund Petersilie
2 Knoblauchzehen
6 EL Olivenöl (extra vergine)
250 ml trockener Weißwein

1 Die Fische von innen und außen unter fließendem kaltem Wasser waschen und mit Küchenpapier gründlich trockentupfen. Innen und außen salzen und pfeffern und leicht im Mehl wenden.

2 Die Petersilie waschen und trockenschütteln, die Blätter von den Stielen zupfen. Den Knoblauch schälen und mit den Petersilienblättern sehr fein hacken.

3 Das Olivenöl in einer großen Pfanne erhitzen. Die Petersilie und den Knoblauch hineingeben und unter ständigem Rühren bei kleiner Hitze andünsten, bis der Knoblauch eine leicht gelbe Farbe angenommen hat.

4 Die vorbereiteten Forellen nebeneinander in die Pfanne legen und auf beiden Seiten jeweils 2 bis 3 Minuten anbraten. Immer wieder etwas Weißwein dazugießen und bei kleiner Hitze verdampfen lassen. Die Fische auf diese Weise 15 bis 25 Minuten garen, dabei einmal wenden.

5 Die gegarten Kräuterforellen auf einer Platte anrichten und mit dem heißen Kräuterfond begießen. Nach Belieben mit Zitronenscheiben garniert servieren.

CEFALO AL FORNO

Meeräsche aus dem Ofen

ZUTATEN FÜR 4 PERSONEN

1 Meeräsche (etwa 1 kg; küchenfertig)
1 EL Zitronensaft, Salz
400 g Fenchel
1 Knoblauchzehe
300 g Tomaten
4 EL Olivenöl (extra vergine)
weißer Pfeffer aus der Mühle
250 ml trockener Weißwein
Fett für die Form
2 EL frisch gehackte Kräuter
(z. B. Petersilie, Rosmarin, Zitronenmelisse, Thymian)
3 EL Butter

1 Die Meeräsche von innen und außen unter fließendem kaltem Wasser waschen und mit Küchenpapier gründlich trockentupfen. Quer in 4 bis 5 cm breite Koteletts schneiden. Mit Zitronensaft beträufeln, mit etwas Salz bestreuen und zugedeckt kühl stellen.

2 Die Fenchelknollen putzen, waschen und der Länge nach vierteln. In kochendem Salzwasser 10 Minuten garen. In ein Sieb abgießen und gut abtropfen lassen.

3 Den Knoblauch schälen und fein hacken. Die Tomaten überbrühen, häuten, halbieren und entkernen, das Fruchtfleisch in Würfel schneiden. Den Backofen auf 200 °C vorheizen.

4 Das Olivenöl in einer Pfanne erhitzen, den Fenchel mit dem Knoblauch und den Tomatenwürfeln darin bei großer Hitze unter Rühren kurz anbraten. Das Gemüse mit Salz und Pfeffer kräftig würzen. Mit dem Weißwein ablöschen und noch 4 bis 5 Minuten köcheln lassen.

5 Die Fischkoteletts und das Fenchelgemüse abwechselnd nebeneinander in eine gefettete ofenfeste Form setzen. Fisch und Gemüse mit den gehackten Kräutern bestreuen und die Butter in Flöckchen darauf setzen. Die Meeräschenkoteletts im Ofen 15 bis 20 Minuten garen.

DENTICE AL CARTOCCIO

Zahnbrasse im Pergamentpapier

ZUTATEN FÜR 4 PERSONEN

4 Zahnbrassen oder andere Fische
(je etwa 400 g; küchenfertig)
40 g Kapernfrüchte (in Lake)
2 unbehandelte Zitronen
4 EL Olivenöl (extra vergine)
Salz, weißer Pfeffer aus der Mühle
je 4 Petersilienstiele und Rosmarinzweige
12 Fenchelsamen
2 EL Kapern (in Salz)
Außerdem:
Pergamentpapier zum Einwickeln

1 Die Fische von innen und außen unter fließendem kaltem Wasser waschen und mit Küchenpapier gründlich trockentupfen, sehr große Fische zerteilen.

2 Die Kapernfrüchte abtropfen lassen, fein hacken. Die Zitronen heiß waschen, trockenreiben und schälen, dabei möglichst sorgfältig die weiße Innenhaut abziehen. Die Früchte in 3 mm dicke Scheiben schneiden.

3 Die Fische innen und außen mit Olivenöl beträufeln und mit Salz und Pfeffer würzen. In die Bauchhöhle jedes Fisches je 1 Petersilienstiel und Rosmarinzweig und je 2 Zitronenscheiben legen. Die Fenchelsamen sowie die gehackten Kapernfrüchte ebenfalls gleichmäßig in die Bauchhöhlen der Fische verteilen.

4 Die in Salz eingelegten Kapern etwa 10 Minuten wässern, abgießen und gut abtropfen lassen. Das Pergamentpapier in vier entsprechend große Stücke schneiden und in Wasser einweichen. Herausnehmen, die vorbereiteten Fische darauf legen und mit den restlichen Zitronenscheiben und den Kapern belegen. Die Fische in das Papier einschlagen und dieses an den Enden fest verschließen.

5 Den Holzkohlengrill anheizen (siehe Küchentipp). Die Fische im Pergamentpapier auf den Grill legen. Dabei darauf achten, dass genügend Abstand zwischen Grillrost und Glut ist, damit das Pergamentpapier nicht Feuer fangen kann. Die Fische von beiden Seiten je etwa 10 Minuten garen. Nach Belieben mit Rosmarin garnieren und mit Zitronen und Olivenöl servieren.

KÜCHENTIPP: Wer keinen Holzkohlengrill zur Verfügung hat, kann die Fische im Pergamentpapier auch bei 190 °C im vorgeheizten Backofen 15 bis 20 Minuten garen. Sie müssen dann nicht gewendet werden.

TONNO ALLA MARINARA

Geschmorter Thunfisch

Zutaten für 4 Personen

4 Scheiben frischer Thunfisch (je etwa 200 g)
2 Knoblauchzehen
Salz, Pfeffer aus der Mühle
1 kg reife Tomaten oder
1 Dose geschälte Tomaten (800 g)
60 g entsteinte schwarze Oliven
1 Zwiebel
3 EL Kapern (in Lake)
einige Basilikum- und Minzeblätter
7 EL Olivenöl (extra vergine)
125 ml trockener Weißwein

1 Die Thunfischscheiben häuten, kurz abspülen und mit Küchenpapier gründlich trockentupfen. Den Knoblauch schälen und durch die Presse drücken. Die Fischscheiben mit dem Knoblauch bestreichen und mit Salz und Pfeffer würzen.

2 Die Tomaten überbrühen, häuten, halbieren und entkernen, das Fruchtfleisch in Würfel schneiden. Die Oliven klein schneiden. Die Zwiebel schälen und mit den abgetropften Kapern fein hacken. Basilikum- und Minzeblätter waschen, trockentupfen und in Streifen schneiden.

3 Den Backofen auf 175 °C vorheizen. Eine ofenfeste Form mit 4 Esslöffeln Olivenöl ausstreichen. Die Thunfischscheiben nebeneinander in die Form legen und mit Weißwein beträufeln. Die Tomaten, Oliven, Zwiebeln, Kapern und die Hälfte der Kräuter auf den Fischscheiben verteilen. Mit dem restlichen Olivenöl beträufeln, salzen und pfeffern.

4 Den Thunfisch im Ofen 20 bis 30 Minuten garen. Den Fisch mit den restlichen Kräutern bestreut servieren.

INVOLTINI DI PESCE SPADA

Schwertfischröllchen vom Grill

ZUTATEN FÜR 4 PERSONEN

400 g Schwertfisch (in 12 dünnen Scheiben)
1 EL Kapern (in Lake)
10 entsteinte grüne Oliven
½ Bund Petersilie
50 g Schwertfischfleisch (pochiert und gehackt)
125 g Paniermehl
30 g frisch geriebener Pecorino
(oder Provolone-Käse)
1 EL Tomatenmark
Salz, Cayennepfeffer
2–3 EL Olivenöl (extra vergine)
1 große Zwiebel
12 Lorbeerblätter
Öl zum Bestreichen

1 Die Fischscheiben zwischen zwei Lagen dicker Frischhaltefolie vorsichtig breit klopfen, sodass sie nicht zerfallen. Die abgetropften Kapern und die Oliven hacken. Die Petersilie waschen und trockenschütteln, die Blätter von den Stielen zupfen und fein hacken.

2 In einer Schüssel den pochierten Schwertfisch mit Paniermehl, geriebenem Käse, Kapern, Oliven und Petersilie mischen. Das Tomatenmark dazugeben, mit Salz und Cayennepfeffer würzen. Mit dem Olivenöl beträufeln und alle Zutaten gut verrühren.

3 12 Holzspieße wässern. Den Holzkohlen- oder Backofengrill anheizen. Die Zwiebel schälen und in 12 Stücke teilen. Die Füllung auf die Fischscheiben streichen und die Scheiben aufrollen. Jeweils eine Roulade abwechselnd mit 1 Lorbeerblatt und 1 Zwiebelstück auf einen Holzspieß stecken.

4 Die Schwertfischröllchen 7 bis 10 Minuten auf beiden Seiten grillen, bis der Fisch sich fest anfühlt. Dabei die Rouladen ein- bis zweimal mit etwas Öl bestreichen.

BRANZINO AI PORCINI

Wolfsbarsch im Steinpilzmantel

Zutaten für 4 Personen

1 Bund Petersilie
1 Knoblauchzehe
200 ml Olivenöl (extra vergine)
12 kleine Steinpilze
800 g Wolfs- oder Seebarschfilet
(küchenfertig; mit Haut)
Salz

1 Für die Kräuter-Olivenöl-Sauce die Petersilie waschen und trockenschütteln. Die Blätter von den Stielen zupfen und sehr fein hacken. Den Knoblauch schälen und ebenfalls fein hacken. Petersilie und Knoblauch mit etwas Olivenöl im Mixer fein pürieren, durch ein Sieb streichen und mit dem restlichen Öl verrühren.

2 Die Steinpilze vorsichtig putzen, mit Küchenpapier abreiben und der Länge nach in sehr feine Scheiben schneiden.

3 Den Backofengrill vorheizen. Das Fischfilet in vier Portionen teilen, auf der Fleischseite leicht salzen und mit den Pilzscheiben schuppenartig belegen. Die Fischscheiben vorsichtig in einen Dampfeinsatz legen und zuerst 5 bis 7 Minuten über Dampf garen. Wieder vorsichtig herausnehmen und in eine ofenfeste Form setzen. Die belegten Fischscheiben anschließend nochmals für 3 Minuten unter dem Grill garen.

4 Die Form herausnehmen, die Fischscheiben und Pilze mit der Kräuter-Olivenöl-Sauce begießen und noch einmal 30 Sekunden in den heißen Backofen schieben. Aus dem Ofen nehmen und sofort servieren.

ORATA ALLA ROMANA

Goldbrasse auf römische Art

Zutaten für 4 Personen

2 Goldbrassen (je etwa 500 g; küchenfertig)
4 EL Zitronensaft
1 großer Kopf Romanasalat (etwa 500 g)
Salz, 4 Salbeizweige
schwarzer Pfeffer aus der Mühle
60 g Butter
300 g Erbsen (tiefgekühlt)
600 ml Weißwein
1 EL Mehl

1 Die Fische von innen und außen unter fließendem kaltem Wasser waschen und mit Küchenpapier gründlich trockentupfen. Die Haut auf beiden Seiten mehrmals schräg bis zu den Gräten einschneiden. Innen und außen mit Zitronensaft beträufeln.

2 Den Salat putzen und waschen. Die Salatblätter in kochendem Salzwasser blanchieren, abschrecken, abtropfen lassen und in breite Streifen schneiden. Salbei waschen und trockenschütteln, 4 Blätter beiseite legen und je 2 Zweige in die Bauchhöhlen der Fische stecken. Die Fische salzen und pfeffern.

3 Den Backofen auf 200 °C vorheizen. In einer ofenfesten Pfanne 40 g Butter zerlassen, die Fische darin auf jeder Seite 2 Minuten anbraten. Die Erbsen und die Salatstreifen daneben verteilen und den Weißwein dazugießen. Die Pfanne mit einem Deckel oder einem Stück Alufolie abdecken und die Fische im Ofen etwa 30 Minuten garen.

4 Die Brassen aus dem Ofen nehmen und auf eine Servierplatte legen. Das Gemüse um die Fische herum verteilen und im abgeschalteten Backofen warm halten.

5 Das Mehl mit der restlichen Butter verkneten und zu einer Kugel formen. Den Bratfond in einen Topf durchsieben, kurz aufkochen und mit der Butter-Mehl-Kugel binden. Die beiseite gelegten Salbeiblätter hacken und unter die Sauce rühren, mit Salz und Pfeffer abschmecken. Die Fische mit dem Gemüse, der Sauce und nach Belieben mit frittierten Salbeiblättern anrichten.

Calamari ripieni
Gefüllte Kalmare

Zutaten für 4 Personen

1 kg mittelgroße bis kleine Kalmare (küchenfertig)
1 Brötchen (vom Vortag)
2 Knoblauchzehen
4 Sardellenfilets (in Öl)
1 Bund Petersilie
4 EL Olivenöl (extra vergine)
1 EL Zitronensaft
Salz, Pfeffer aus der Mühle
100 ml trockener Weißwein

1 Die Kalmare unter fließendem kaltem Wasser waschen und gründlich trockentupfen. 200 g Kalmare grob zerkleinern. Das Brötchen in kaltem Wasser einweichen. Den Knoblauch schälen und hacken. Die Sardellen abspülen. Die Petersilie waschen und trockenschütteln, die Blätter von den Stielen zupfen.

2 Das Brötchen ausdrücken, zerpflücken und mit den grob zerkleinerten Kalmarekörpern, dem Knoblauch, den Sardellen und der Petersilie im Mixer fein zerkleinern. Die Masse in eine Schüssel geben, 2 Esslöffel Olivenöl und den Zitronensaft unterrühren. Mit Salz und Pfeffer abschmecken.

3 Den Backofen auf 220 °C vorheizen. Die Kalmare mit der Mischung füllen und mit Küchengarn gut zunähen. Die Kalmare in eine ofenfeste Form geben. Das restliche Olivenöl mit dem Wein mischen und angießen. Die gefüllten Kalmare im Ofen etwa 30 Minuten garen, bis sie weich und schön gebräunt sind. Nach Belieben mit Zitronenspalten servieren.

Moscardini con funghetti
Moscardini mit Pfifferlingen

Zutaten für 4 Personen

600 g Moscardini (Moschuskraken)
4 EL Olivenöl (extra vergine)
200 g Pfifferlinge
1 Knoblauchzehe
1 große Fleischtomate
Salz, Pfeffer aus der Mühle
1 EL frisch gehackte Petersilie

1 Die Moscardini unter fließendem kaltem Wasser waschen und mit Küchenpapier gründlich trockentupfen. Die Hälfte des Olivenöls in einer Pfanne erhitzen und die Moscardini darin 5 Minuten braten.

2 Die Pfifferlinge putzen, mit Küchenpapier abreiben und in Scheiben schneiden. Den Knoblauch schälen und fein hacken. In einer zweiten Pfanne das restliche Olivenöl erhitzen und die Pilze darin andünsten, mit Salz, Pfeffer und Knoblauch würzen.

3 Die Tomate überbrühen, häuten, halbieren und entkernen, das Fruchtfleisch in Würfel schneiden. Die Tomatenwürfel zu den Pilzen geben, durchschwenken und die Petersilie untermischen. Die Pilzmischung zu den Moscardini geben und noch 2 Minuten mitgaren. Anrichten und sofort servieren.

Küchentipp: Moschuskraken sind die kleinen Verwandten des Oktopus und werden bis zu 40 cm groß. In Ligurien heißen sie »moscardini«, in Neapel »polpetelli«, in Venedig »polpetti«.

Calamari ripieni gehören zu den großen Klassikern der italienischen Fischküche. Wegen ihrer Vielseitigkeit stehen die Kalmare von jeher hoch im Kurs: Sie werden gebraten, gegrillt, geschmort und gefüllt oder zu Suppen und Saucen verarbeitet. Zum Färben von Risotto und Pasta nehmen die Italiener nur die milde, cremige Tinte der »seppia«, des Tintenfischs. Um eine gummiartige Konsistenz zu vermeiden, sollte man unbedingt die richtigen Garzeiten beachten: Tintenfische müssen entweder ganz kurz bei intensiver Hitze gebraten werden. Oder man schmort sie weich, mindestens 45 Minuten lang.

GAMBERI AL FORNO

Garnelen aus dem Ofen

ZUTATEN FÜR 4 PERSONEN

600 g ungeschälte Garnelen
2 EL Butter, 3 EL Olivenöl (extra vergine)
2 Knoblauchzehen
je ½ roter und grüner Peperoncino
8 Cocktailtomaten
2 EL frisch gehackte Kräuter
(z.B. Petersilie, Salbei, Oregano)
Salz, weißer Pfeffer aus der Mühle

1 Die Garnelen unter fließendem kaltem Wasser waschen und mit Küchenpapier gründlich trockentupfen. Butter und Olivenöl in einer Pfanne erhitzen und die Garnelen darin auf beiden Seiten kurz anbraten. Etwas abtropfen lassen, das Bratfett aufbewahren und die Garnelen in eine ofenfeste Form umfüllen.

2 Den Backofen auf 200 °C vorheizen. Den Knoblauch schälen und fein hacken. Peperoncini waschen und in Ringe schneiden. Die Tomaten waschen und halbieren, die Stielansätze entfernen. Knoblauch, Peperoncini sowie Kräuter mischen und unter die Garnelen mischen.

3 Die Tomaten hinzufügen, salzen und pfeffern. Die Garnelen im Ofen 10 Minuten fertig garen, dabei zwischendurch mit dem aufgefangenen Bratfett beträufeln.

SCAMPI IN SALSA ROSA

Scampi in Tomaten-Sahne-Sauce

ZUTATEN FÜR 4 PERSONEN

600 g mittelgroße ungeschälte Scampi
2 EL Butter
Salz, Cayennepfeffer
1 EL Tomatenmark
100 g Sahne
1 Spritzer Cognac

1 Die Scampi unter fließendem kaltem Wasser waschen und mit Küchenpapier gründlich trockentupfen. Die Butter in einer Pfanne zerlassen und die Scampi darin auf beiden Seiten anbraten.

2 Kurz bevor die Scampi gar sind, Salz, Cayennepfeffer, Tomatenmark, Sahne und Cognac hinzufügen und den Sud etwas einkochen lassen. Die Scampi mit der Sauce anrichten, nach Belieben mit Petersilie garnieren und mit gerösteten Polenta-Talern servieren.

SPIEDINI DI MARE

Spieße mit Meeresfrüchten

Zutaten für 4 bis 6 Personen

Für die Spieße:
400 g Tintenfische, 500 g ungeschälte Garnelen
1 Knoblauchzehe
8 EL trockener Weißwein
13 EL Olivenöl (extra vergine)
Salz, schwarzer Pfeffer aus der Mühle
Für die Sauce:
1 EL Kapern (in Lake)
1 EL Pinienkerne
2 Sardellenfilets (in Öl)
3 entsteinte schwarze Oliven
3 EL Petersilienblätter
Saft von 1/2 Zitrone
1 Eigelb
5 EL Olivenöl (extra vergine)
Salz, schwarzer Pfeffer aus der Mühle

1 Tintenfisch und Garnelen unter fließendem kaltem Wasser waschen und mit Küchenpapier gründlich trockentupfen. Die Garnelen schälen und den Darm entfernen.

2 Den Knoblauch schälen, der Länge nach halbieren und zusammen mit dem Weißwein, 6 Esslöffeln Olivenöl, etwas Salz und Pfeffer in eine Schüssel geben. Mit einer Gabel verquirlen, die Meeresfrüchte darin wenden und zugedeckt 30 Minuten marinieren lassen.

3 Für die Sauce die abgetropften Kapern mit Pinienkernen, Sardellenfilets, Oliven, gewaschenen Petersilienblättern und Zitronensaft im Mixer pürieren. Das Eigelb in einer Schüssel mit dem Schneebesen schaumig schlagen, nach und nach das Olivenöl unterrühren. Die pürierte Masse dazugeben und alles zu einer cremigen Sauce glatt rühren. Mit Salz und Pfeffer abschmecken.

4 Die Meeresfrüchte abwechselnd auf Holzspieße stecken und noch einmal in die Marinade legen. In einer Pfanne das restliche Olivenöl erhitzen und die abgetropften Spieße darin etwa 10 Minuten braten, dabei häufig wenden. Die Spieße mit der Sauce auf Tellern anrichten, nach Belieben mit Zitronenscheiben garnieren.

FRITTO DI PESCE

Ausgebackene Meerestiere

Garnelen

Bei den kleinen Garnelen unterscheidet man Kaisergranate und Shrimps. Die auf vielen italienischen Speisekarten angebotenen »scampi« halten manche für Garnelen, manche für Shrimps. Tatsächlich handelt es sich um die etwas längeren Kaisergranate.

Zutaten für 4 Personen

500 g Tintenfische, Salz
300 g ungeschälte Garnelen
6 kleine Rotbarben (küchenfertig)
500 g frische Sardinen (küchenfertig)
Öl zum Frittieren
weißer Pfeffer aus der Mühle
Mehl zum Wenden
einige Zitronenspalten und
Petersilienblätter zum Garnieren

1 Die Tintenfische kalt abspülen. In einem Topf reichlich Salzwasser zum Kochen bringen, die Tintenfische darin etwa 1 ½ Minuten garen. Anschließend in einem Sieb kalt abschrecken und gründlich abtropfen lassen.

2 Garnelen aus den Schalen lösen und den Darm entfernen. Rotbarben und Sardinen unter kaltem Wasser waschen und trockentupfen.

3 Zum Frittieren reichlich Öl in einem tiefen, breiten Topf erhitzen. Es hat die richtige Temperatur, wenn an einem hölzernen Kochlöffelstiel, den man hineinhält, Bläschen aufsteigen.

4 Die Tintenfische, Garnelen, Rotbarben und Sardinen mit Salz und Pfeffer würzen und im Mehl wenden, bis sie gleichmäßig damit überzogen sind. Überschüssiges Mehl wieder leicht abklopfen.

5 Die Tintenfische und Rotbarben portionsweise 3 bis 4 Minuten, die Sardinen und Garnelen 2 Minuten ausbacken, bis sie schön gebräunt sind. Während des Frittierens wenden.

6 Die ausgebackenen Fische auf eine mit Küchenpapier belegte Platte setzen und im vorgeheizten Backofen bei 50 °C warm halten. Möglichst heiß mit den Zitronenspalten und den Petersilienblättern servieren.

COZZE GRATINATE

Gratinierte Miesmuscheln

ZUTATEN FÜR 4 PERSONEN

1,5 kg möglichst große Miesmuscheln
8 EL Olivenöl (extra vergine)
2 Knoblauchzehen
2 EL frisch gehackte Petersilie
5 EL Paniermehl
Salz, schwarzer Pfeffer aus der Mühle
Fett für die Form

1 Die Muscheln gründlich unter fließendem kaltem Wasser abbürsten und in einem Sieb gut abtropfen lassen. Geöffnete Muscheln aussortieren.

2 In einem Topf 2 Esslöffel Olivenöl erhitzen und die Muscheln darin garen, bis sie sich öffnen. Die Kochflüssigkeit der Muscheln durch ein feines Sieb geben. Die Schalen aufbrechen, die Bärte entfernen. Muscheln, deren Schalen sich nicht geöffnet haben, wegwerfen.

3 Den Knoblauch schälen, fein hacken und mit der Petersilie, dem Paniermehl, dem restlichen Öl sowie Salz und Pfeffer mischen.

4 Den Backofen auf 200 °C vorheizen. Die Muscheln in eine gefettete ofenfeste Form setzen und jede Muschel mit etwas Paniermehlmasse füllen. Die Kochflüssigkeit zu den Muscheln in die Form gießen. Die Muscheln im Ofen etwa 15 Minuten überbacken, bis das Paniermehl eine goldgelbe Farbe hat. Die Muscheln nach Belieben auf Meersalz anrichten.

KÜCHENTIPP: Sehr gut passt auch eine Käsefüllung. Dafür 100 g Paniermehl mit etwas Milch, 60 g Mozzarella-Würfeln, 2 Eiern, 50 g geriebenem Parmesan, 1 gehackten Knoblauchzehe und 2 Esslöffeln gehackter Petersilie mischen. Die Muschelhälften damit füllen und 15 Minuten im vorgeheizten Ofen überbacken, bis die Kruste goldgelb ist.

MUSCHELN

In der Adria, im Ionischen und im Tyrrhenischen Meer kommen erstaunlich viele Muschelsorten vor. Frische Muscheln erkennt man an den fest geschlossenen Schalen, an deren kräftiger Farbe und am unverfälschten Geruch nach Salz und Meer.

MISTO DI FRUTTI DI MARE

Gemischter Eintopf mit Meeresfrüchten

Zutaten für 6 bis 8 Personen

je 500 g Venusmuscheln, Schwertmuscheln,
Teppichmuscheln und Herzmuscheln
400 g kleine Kalmare
500 g Tomaten, 100 g Zwiebeln
2 Knoblauchzehen, 100 g Möhren
100 g Staudensellerie
10 g milde grüne Peperoni, 1 Peperoncino
4 EL Olivenöl (extra vergine), 125 ml trockener Weißwein
250 ml Fischfond, 1 Petersilienstiel
Salz, schwarzer Pfeffer aus der Mühle

1 Die verschiedenen Muschelsorten unter fließendem kaltem Wasser sorgfältig abbürsten. Geöffnete Muscheln aussortieren. Die Kalmare ebenfalls unter kaltem Wasser abspülen und mit Küchenpapier gründlich trockentupfen.

2 Die Tomaten überbrühen, häuten, halbieren und entkernen, das Fruchtfleisch in Würfel schneiden. Die Zwiebeln schälen und in Ringe schneiden. Den Knoblauch schälen und fein hacken.

3 Die Möhren und den Staudensellerie schälen bzw. putzen und waschen und in Scheiben schneiden. Peperoni und Peperoncino längs halbieren, entkernen und waschen. Die Peperoni in feine Streifen schneiden, den Peperoncino in Hälften lassen.

4 In einem großen Topf 2 Esslöffel Olivenöl erhitzen, die Zwiebelringe und den Knoblauch darin glasig dünsten. Die Möhren- und Selleriescheiben kurz mit andünsten, die Tomaten, Peperonistreifen und den Peperoncino dazugeben. Wein und Fischfond angießen. Den gewaschenen Petersilienstiel dazugeben, alles salzen und pfeffern. Weitere 5 Minuten köcheln lassen.

5 Das restliche Olivenöl in einer entsprechend großen Pfanne erhitzen und die Kalmare darin kurz anbraten. Herausnehmen und warm halten. Die Muscheln in den Gemüsesud geben und zugedeckt etwa 5 Minuten kochen. 1 Minute vor Garzeitende die Kalmare wieder dazugeben. Den Muscheltopf abschmecken und nach Belieben mit gehackter Petersilie bestreut servieren.

Der Duft des Meeres ist die »Seele« eines jeden italienischen Fischeintopfs. Die toskanische Küstenstadt Livorno feiert ihren »cacciucco« aus frischem Fang als den besten der Welt. Die Nachbarn aus Viareggio setzen noch eins drauf, kochen zur Geschmacksverbesserung einen Stein vom Meeresgrund mit. Die »brodetti«, die tausenderlei Fischtöpfe der Region Marken, haben den Aberglauben als Hauptzutat. Er verlangt, dass nie weniger als 13 Fischarten enthalten sind. Taranto, Apuliens Hafenstadt mit Lagune und Meer, rühmt sich der sortenreichsten Fischeintöpfe, deren auffälligste Zutat gigantische Miesmuscheln sind.

Fleisch

LE MANDRIE FELICI

Einheimische Rassen weiden artgerecht

Manche Landschaftsszenarien Italiens sind untrennbar verbunden mit Impressionen friedlich grasender Herden: Schafe in den von Macchia überwucherten Bergen Sardiniens, Büffel in Kampanien, im Val di Chiana und auf den Weiden im Apenninengebirge die massigen weißen Chianina-Rinder, in den Weiten der Maremma die auffälligen langhörnigen Kühe. Italien schätzt seine autochthonen Tiere mehr denn je. Die Schweinezüchter aus Siena liefern ein Beispiel für die Renaissance uralter Rassen.

Auch wenn die Italiener begeisterte Fischesser sind, lieben sie doch ebenso Rind, Kalb, Schwein, Geflügel und Wild.

Auf dem Fresko »Il Buongoverno« im Palazzo Pubblico von Siena hat der Maler Lorenzetti im 13. Jahrhundert die älteste Schweinerasse der Toskana erstmals bildlich dargestellt. Die dunklen *suini di cinta senese* sind äußerst sympathische und intelligente, sehr robuste und rustikale Tiere, große Wühler, unempfindlich gegen Hitze und Kälte. Am liebsten und besten ernähren sie sich selbst, in den Wäldern der Provinz Siena suchen und finden sie Beeren, Kräuter und Gräser. Die Seneser Schweinerasse wäre fast ausgestorben. Denn in den Sechzigerjahren stellten die italienischen Züchter fast geschlossen auf die englische Schweinerasse *large white* um, auf Tiere, die im Stall sehr schnell sehr viel Gewicht brachten. Ein einziger Züchter aus der Umgebung von Siena blieb aus Liebhaberei der autochthonen Rasse treu, hätschelte einen kleinen Kern von Siena-Schweinen.

Aus diesem Restbestand stammen die zwanzig Zuchttiere von Nicola Zanda in Ville di Corsano. Er entdeckte vor fünf Jahren, dass die Wälder seiner *fattoria*, die ansonsten Holz für den Möbelbau liefern, bestes Terrain für die Seneser Rasse boten. Er entdeckte auch ihre anderen Vorzüge, die pflegeleichte Haltung, das geschmackvollere Fleisch und die Marktnische – ein besonderes, hochwertiges Angebot findet in Italien immer seine Liebhaber und Abnehmer. Zehn *suini di cinta senese* benötigen einen Hektar Wald. Sie brauchen 15 Monate, bis sie ihr optimales Schlachtgewicht von 120 bis 130 Kilogramm erreichen – im Vergleich zur englischen Rasse ist das doppelt so lang. Ein Mutterschwein aus Siena bringt pro Wurf höchstens fünf oder sechs Ferkel zur Welt. Und das ist für die mittlerweile 90 Züchter der größte Nachteil. Durch den sehr kleinen Kern, der die Wiederbelebung der alten Rasse ermöglicht hat, entstehen Inzucht-Probleme. Um sie und alle anderen Fragen wie Haltung oder Ernährung kümmern sich mittlerweile die Universität Florenz, öffentliche Ämter und eine eigene Schutzgenossenschaft.

Wie die anderen Züchter hat Nicola Zanda seine Schweine bisher nicht selbst geschlachtet, sondern an Fleischverwerter verkauft. Jetzt hat er auf seinem Hof ein eigenes Laboratorium zur Herstellung von Salami eingerichtet. Auch das sind neue Erfahrungen mit der uralten Rasse: Obwohl die Seneser Schweine den ganzen Tag im Freien wühlen, sich wälzen und ungehindert den Schweinsgalopp machen können, ist das Verhältnis von Fett- und Fleischanteil zwei zu eins. Und diese Mischung ergibt vorzügliche Wurst.

Qualität geht vor Quantität – doch das hat seinen Preis: Die Schweine freilaufend zu halten bedeutet für die Züchter hohe Kosten.

GESOTTEN & GEBRATEN

»Bollito«, gekochtes Fleisch, kommt in der italienischen Küche relativ selten vor. Die beiden Klassiker, das kalte Kalbfleisch »vitello tonnato« und das gemischte gekochte Fleisch »bollito misto«, lehren: Das allein zu magere und neutrale gekochte Fleisch bekommt einen besonderen Touch, das Kalb durch die sehr markante Thunfisch-Kapern-Sauce, der »bollito misto« durch herzhafte, fette Kochwürste und durch die aromatische »salsa verde«. »Brasati«, Schmorbraten, sind bei allen Fleischsorten die beliebteste Zubereitungsart – einheimischer Wein und stundenlange Aufenthalte im Backofen machen Geflügel, Wild und Fleisch so saftig und butterweich, wie es der italienische Gaumen schätzt. »Bistecche« und »scaloppine«, große und kleine Schnitzel, isst man am liebsten sehr kurz gebraten oder vom Grill. Der Metzger schneidet sie daher zu hauchdünnen Scheiben. »Involtini«, Rouladen mit unterschiedlichen Füllungen, macht man in Italien vorzugsweise aus zartem Kalbfleisch.

LE MUCCHE SACRE

Heiligtümer einer Nation von Gourmets

Wo die Not groß ist, kennt die Nahrungsbeschaffung nur wenige Tabus, auch was das Töten oder den Verzehr bestimmter Tiere angeht. Das gilt besonders auch für die Apenninenhalbinsel, deren bäuerliche Bewohner nach der Römerzeit bis zur Gründung des geeinten Königreichs im 19. Jahrhundert in Vielstaaterei, unter ständig wechselnden Fremdherrschaften, von Fehden und Kriegen heimgesucht, in großer Armut lebten. Die Jagd hüteten die Adligen eifersüchtig als ihr Privileg, in der Toskana ließen die Medici Wilderer hinrichten.

Aus dieser Vergangenheit lässt sich die Unbefangenheit erklären, mit der die Fleischküche der Regionen noch heute betrieben wird. Sie verwertet Esels- oder Pferdefleisch, macht Leckerbissen selbst aus den ungewöhnlichsten Teilen, gleichgültig ob es Hahnenkämme, Kutteln oder Schweinedärme sind. Erst spät im 20. Jahrhundert hat der Staat ein Machtwort gesprochen und die Jagd auf Singvögel verboten, die zu den ganz besonderen Leckerbissen zählten. Täubchen und Wachteln trösten über das neuzeitliche Tabu hinweg, die Jagd ist demokratisiert, beschert Hasen und Fasane, Rehe und Hirsche. Die Zucht alter regionaler Haustierrassen erlebt mit wachsendem Gesundheits- und Umweltbewusstsein eine Renaissance: Sie garantiert artgerechte Tierhaltung und verlässliche Qualität. Ebenfalls zugenommen hat der Konsum von Kaninchenfleisch aus artgerechter Zucht – es gilt als besonders bekömmlich, leicht und nährstoffreich.

Es gibt einige »heilige Kühe« unter den italienischen Fleischgerichten. Die beiden bekanntesten sind untrennbar mit dem Namen ihres Ursprungsorts verbunden: die *bistecca alla fiorentina*, das mächtige T-Bone-Steak, und die *cotolette alla milanese*, das panierte Kalbskotelett. Wie blutig soll, darf, muss das gegrillte Fleisch der *fiorentina* bleiben? Welches außer dem toskanischen Chianina-Rind ist würdig, das Fleisch dafür zu liefern? Muss das Kalbfleisch für die einzig wahren *cotolette alla milanese* etwas dicker geschnitten und kräftig flach geklopft werden oder ist die dünn geschnittene ungeschlagene Scheibe das Original? Die Nation der Gourmets lässt sich durch solche Fragen immer wieder und immer gern zu temperamentvollen Debatten hinreißen. Eins steht freilich für alle unverrückbar fest: Das Wiener Schnitzel haben sich die Wiener bei den Mailändern abgeguckt – und nicht umgekehrt.

POLLO ALLA CACCIATORA

Huhn auf Jägerart

Champignons

Zuchtchampignons kommen in der italienischen Küche fast täglich zum Einsatz. Geschmacksintensiver ist allerdings der Wiesenchampignon, »prataiolo«. Pilze sollten nicht gewaschen, sondern nur trocken mit Küchenpapier abgerieben werden.

Zutaten für 4 Personen

1 Huhn (etwa 1,4 kg; küchenfertig)
Salz, schwarzer Pfeffer aus der Mühle
250 g Champignons
500 g Tomaten
1 Bund Petersilie
1 Bund Basilikum
einige Salbeizweige
50 g durchwachsener Räucherspeck
4 EL Olivenöl (extra vergine)
200 ml trockener Weißwein

1 Das Huhn von innen und außen unter fließendem kaltem Wasser waschen, mit Küchenpapier gründlich trockentupfen und zerteilen. Mit Salz und Pfeffer einreiben.

2 Die Champignons putzen, mit Küchenpapier abreiben und in Scheiben schneiden. Die Tomaten überbrühen, häuten, halbieren und entkernen, das Fruchtfleisch in Würfel schneiden. Die Kräuter waschen und trockenschütteln, die Blätter abzupfen und fein hacken. Den Speck in Würfel schneiden.

3 Das Olivenöl in einem großen Topf erhitzen und die Speckwürfel darin auslassen. Die Hühnerteile dazugeben, rundherum anbraten und wieder herausnehmen.

4 Im verbliebenen Fett die Champignons anbraten. Mit Weißwein ablöschen, Tomaten und Kräuter untermischen und alles mit Salz und Pfeffer abschmecken.

5 Die Hühnerteile wieder hineinlegen und mit dem Tomaten-Champignon-Gemüse bei mittlerer Hitze zugedeckt etwa 40 Minuten schmoren lassen. Die Geflügelteile mit dem Gemüse anrichten und nach Belieben mit Petersilie bestreut servieren.

FARAONA ALLA CRETA

Perlhuhn aus dem Römertopf

Zutaten für 4 Personen

1 Perlhuhn (etwa 1,2 kg; küchenfertig)
4 EL Marsala
Salz, schwarzer Pfeffer aus der Mühle
50 g Butter
je 1 TL frisch gehackter Thymian, Salbei und Rosmarin
6 dünne Scheiben durchwachsener Räucherspeck

1 Das Perlhuhn von innen und außen unter fließendem kaltem Wasser waschen und mit Küchenpapier gründlich trockentupfen. In eine flache Schüssel setzen, mit dem Marsala beträufeln und mindestens 1 Stunde marinieren. lassen. Den Römertopf wässern.

2 Das Perlhuhn innen und außen mit Salz und Pfeffer einreiben und in den Römertopf legen. Die Butter in einem Topf zerlassen und das Geflügel damit einpinseln. Mit Thymian, Salbei und Rosmarin bestreuen und mit den Speckscheiben belegen. Den Speck mit der restlichen Butter bestreichen.

3 Den Deckel auf den Römertopf setzen und den Topf in den kalten Backofen schieben. Die Temperatur auf 180 °C schalten. Das Perlhuhn 2 Stunden schmoren lassen, dabei den Römertopf nicht öffnen.

4 Den Backofen ausschalten und den Römertopf noch 15 Minuten im Ofen lassen. Das Perlhuhn im geschlossenen Römertopf servieren; der Topf sollte erst am Tisch geöffnet werden, damit der Duft nicht verloren geht.

Küchentipp: Man kann das Perlhuhn auch vor dem Braten in vier Teile zerlegen, jedes einzeln mit 2 bis 3 Speckscheiben umwickeln und zerlegt im Römertopf braten.

Kräuter

Zu Geflügel aller Art passen mediterrane Kräuter wie Thymian, Rosmarin oder Salbei hervorragend. Das würzige Grün gibt sein Aroma besonders intensiv an das Fleisch ab, wenn man die Zweige im Ganzen im Geflügelinneren mitgart.

POLLO ARROSTO AI LIMONE

Brathähnchen mit Zitronen

Zutaten für 4 Personen

1 Poularde
(1,4–1,8 kg; küchenfertig)
Salz, schwarzer Pfeffer aus der Mühle
2 kleine unbehandelte Zitronen

1 Den Backofen auf 180 °C vorheizen. Die Poularde von innen und außen unter fließendem kaltem Wasser waschen. Für etwa 10 Minuten auf einen schräg gestellten Teller legen, damit das Wasser aus der Bauchhöhle ablaufen kann. Dann die Poularde mit Küchenpapier gründlich trockentupfen und innen und außen mit Salz und Pfeffer einreiben.

2 Die Zitronen mit heißem Wasser abwaschen und gründlich trockenreiben. Mit der flachen Hand kräftig auf der Arbeitsfläche hin und her rollen, damit sie weicher werden. Jede Zitrone mindestens 20-mal mit einem Zahnstocher oder einer spitzen Gabel einstechen.

3 Die Zitronen in die Bauchhöhle der Poularde legen. Die Öffnung mit Holzspießchen oder mit einer Dressiernadel und Küchengarn verschließen, sodass noch Luft entweichen kann. Die Schenkel an beiden Gelenkenden mit Küchengarn locker zusammenbinden.

4 Die Poularde mit der Brustseite nach unten in einen Bräter legen und kein Fett hinzufügen, da die Poularde im eigenen Saft garen soll. Den Bräter in den vorgeheizten Ofen schieben.

5 Nach 30 Minuten die Poularde wenden. Wenn die Haut dabei nicht verletzt wird, bläht sich die Poularde wie ein Ballon auf und sieht beim Servieren besonders attraktiv aus. Die Poularde weitere 30 bis 35 Minuten garen. Dann die Temperatur auf 200 °C erhöhen und die Poularde noch 20 Minuten weiterbraten.

6 Das Brathähnchen – unabhängig davon, ob es sich aufgebläht hat oder nicht – im Ganzen servieren und die Zitronen bis zum Tranchieren in der Bauchhöhle belassen. Den Bratsaft, der sich in der Bauchhöhle angesammelt hat, über das in Scheiben geschnittene Fleisch schöpfen.

Zitronen passen – wenn man für Länder und ihre Küchen Symbolfrüchte wählen müsste – am besten zu Italien. Die unbestritten besten, saftigsten Früchte kommen von der Amalfiküste, ausgereift schmecken sie sogar pur. Zitronen sind unverzichtbar für alle Gänge, vom Antipasto bis zum Dolce. Zitronen würzen, beleben, erfrischen und sind wunderbarer Schmuck. Das schätzten die Gärtner bereits im Mittelalter. Vom Gardasee bis zur Toskana haben sie zu Nutz und Zier riesige Terrakottatöpfe mit Zitronenbäumchen in Garten- und Parkanlagen gesetzt.

PICCIONI CON AGLIO

Tauben mit Knoblauchgemüse

ZUTATEN FÜR 4 PERSONEN

4 Tauben (küchenfertig)
5 schwarze Pfefferkörner
5 Wacholderbeeren
Salz
3 EL Olivenöl (extra vergine)
1 EL Butter
24 Knoblauchzehen

1 Die Tauben von innen und außen unter fließendem kaltem Wasser waschen und mit Küchenpapier gründlich trockentupfen. Die Pfefferkörner mit den Wacholderbeeren und 2 Prisen Salz im Mörser fein zerstoßen. Die Tauben damit innen und außen einreiben. Den Backofen auf 225 °C vorheizen.

2 Das Olivenöl und die Butter in einem Bräter erhitzen, die Tauben darin rundherum anbraten. Die ungeschälten Knoblauchzehen zu den Tauben geben und kurz anbraten.

3 Den Bräter in den vorgeheizten Ofen schieben und die Tauben 10 Minuten schmoren lassen. Dann die Tauben wenden und weitere 10 Minuten schmoren lassen.

4 Zum Servieren die Tauben mit dem geschmorten Knoblauch auf einer vorgewärmten Platte anrichten. Den cremigen Knoblauch mit Messer und Gabel aus der Schale drücken. Als Beilagen eignen sich außerdem grüne Bohnen (siehe Seite 199) und Rosmarinkartoffeln (siehe Seite 206).

KÜCHENTIPP: In Italien werden Tauben zum Braten auch gern mit Pancetta-Scheiben umwickelt oder einige Scheiben in die Bauchhöhlen gelegt. Damit die Tauben schön kross werden, kurz vor Ende der Garzeit den Speck abnehmen und die Tauben fertig garen. Würziger schmeckt der Taubenbratsatz, wenn man nach dem Braten einige klein geschnittene, entsteinte schwarze Oliven untermischt.

ANATRA IN PADELLA

Geschmorte Entenkeulen

Zutaten für 4 Personen

4 Enten- oder 2 große Gänsekeulen
(insgesamt etwa 1 kg)
Salz, schwarzer Pfeffer aus der Mühle
30 g durchwachsener Räucherspeck
2 Zwiebeln
2 kleine Rosmarinzweige
1 Salbeizweig
5 EL Olivenöl (extra vergine)
1 Lorbeerblatt
200 ml Rotwein
750 g fest kochende Kartoffeln
1 TL abgeriebene Schale einer unbehandelten Orange

1 Die Geflügelkeulen unter fließendem kaltem Wasser waschen, mit Küchenpapier gründlich trockentupfen und mit Salz und Pfeffer einreiben. Den Speck in Würfel scheiden. Die Zwiebeln schälen und fein hacken. Die Kräuter waschen und trockenschütteln, Rosmarinnadeln und Salbeiblätter grob hacken.

2 In einem Topf 2 Esslöffel Olivenöl erhitzen und die Keulen darin rundherum 10 bis 15 Minuten kräftig anbraten, bei Gänsekeulen das Fett abgießen.

3 Speck, Zwiebeln und Kräuter mit dem Lorbeerblatt dazugeben und braun anbraten. Den Rotwein und etwas Wasser dazugießen, sodass die Keulen zu einem Viertel bedeckt sind. Die Keulen zugedeckt bei kleiner Hitze 2 Stunden schmoren, dabei ab und zu mit Schmorflüssigkeit übergießen.

4 Die Kartoffeln schälen, waschen und in etwa 2 cm große Würfel schneiden. In einer Pfanne im restlichen Olivenöl etwa 15 Minuten knusprig braten. Kurz vor Ende der Garzeit die Kartoffeln mit der Orangenschale zu den Keulen geben, etwas Wasser dazugießen, sodass die Kartoffelwürfel knapp bedeckt sind. Mit Salz und Pfeffer würzen und 5 Minuten mitschmoren. Vor dem Servieren die Sauce nochmals abschmecken.

QUAGLIE ARROSTITE

Wachteln in Weinblättern

ZUTATEN FÜR 4 PERSONEN

4 Wachteln (küchenfertig)
4 Rosmarinzweige
2 EL Olivenöl (extra vergine)
4 TL Aceto balsamico, 2 TL brauner Zucker
4 große Weinblätter

1 Die Wachteln von innen und außen unter fließendem kaltem Wasser waschen und mit Küchenpapier gründlich trockentupfen. In jede Wachtel 1 Rosmarinzweig stecken. Die Keulen mit Küchengarn zusammenbinden, die Flügel unter die Wachteln stecken. Den Backofen auf 180 °C vorheizen.

2 Das Olivenöl in einer Pfanne erhitzen und die Wachteln darin rundherum anbraten. Essig und Zucker dazugeben, alles einmal aufkochen und die Pfanne vom Herd nehmen.

3 Die Weinblätter 15 Sekunden in kochendem Wasser blanchieren. Jede Wachtel mit 1 Weinblatt umwickeln und in eine ofenfeste Form legen, die Sauce darüber gießen. Die Wachteln im Ofen 25 bis 30 Minuten braten und mit dem Bratfond servieren.

CONIGLIO AL LIMONE

Kaninchen mit Zitrone

ZUTATEN FÜR 4 BIS 6 PERSONEN

1 Kaninchen (küchenfertig), Salz
3 EL Olivenöl (extra vergine)
3 EL Butter, 1 unbehandelte Zitrone
150 ml Weißwein, 1 Knoblauchzehe
1 TL abgeriebene Schale einer unbehandelten Zitrone
schwarzer Pfeffer aus der Mühle

1 Das Kaninchen unter fließendem kaltem Wasser waschen, mit Küchenpapier gründlich trockentupfen und zerteilen. Die Kaninchenteile mit Salz einreiben.

2 In einer Pfanne Olivenöl und Butter erhitzen und die Kaninchenteile darin rundherum anbraten. Die Zitrone heiß abwaschen, trockenreiben und in Scheiben schneiden. Zitronenscheiben und Wein zum Kaninchen geben und alles etwa 20 Minuten bei kleiner Hitze zugedeckt schmoren.

3 Knoblauch schälen und fein hacken. Mit der Zitronenschale dazugeben, das Kaninchen mit Pfeffer würzen und 20 bis 25 Minuten schmoren. Mit den Zitronenscheiben servieren.

CONIGLIO IN UMIDO

Geschmortes Kaninchen in Tomatensauce

Zutaten für 4 bis 6 Personen

1 Kaninchen (küchenfertig)
Salz, schwarzer Pfeffer aus der Mühle
2 Knoblauchzehen
1 Rosmarinzweig
2 Thymianzweige
2 frische Lorbeerblätter
300 g Tomaten
1 Möhre, 1 Zwiebel
2 Stangen Staudensellerie
3 EL Olivenöl (extra vergine)
200 ml trockener Weißwein
etwas frisch geriebene Muskatnuss
1 EL Pinienkerne

1 Das Kaninchen von innen und außen unter fließendem kaltem Wasser waschen, mit Küchenpapier gründlich trockentupfen und zerteilen. Mit Salz und Pfeffer einreiben.

2 Den Knoblauch schälen. Die Kräuter waschen und trockenschütteln bzw. -tupfen, die Nadeln abstreifen und die Blättchen abzupfen. Die Tomaten überbrühen, häuten, halbieren und entkernen, das Fruchtfleisch in Würfel schneiden. Möhre und Zwiebel schälen, Sellerie putzen und waschen, alles klein schneiden.

3 Das Olivenöl in einem großen Topf erhitzen. Die Kaninchenteile darin portionsweise rundherum anbraten und wieder herausnehmen. Knoblauch und Kräuter im verbliebenen Bratfett andünsten, bis der Knoblauch leicht Farbe angenommen hat.

4 Das Gemüse (ohne die Tomaten) dazugeben und kurz andünsten. Den Wein dazugießen und die Tomatenwürfel unterrühren. Die Sauce mit Salz, Pfeffer und Muskatnuss abschmecken.

5 Die Kaninchenteile wieder in den Topf geben, mit Pinienkernen bestreuen und zugedeckt bei kleiner Hitze etwa 45 Minuten schmoren.

COSTOLETTE D'AGNELLO

Lammkoteletts mit Oliven

Zutaten für 4 Personen

4 Lammkoteletts (je etwa 250 g)
Mehl zum Wenden
3 EL Olivenöl (extra vergine)
Salz
Cayennepfeffer oder
fein zerriebene Peperoncini
150–200 g große, entsteinte schwarze Oliven
getrockneter Oregano
Saft von 1 Zitrone

1 Die Lammkoteletts leicht im Mehl wenden. Das Olivenöl in einer Pfanne erhitzen und die Koteletts darin von beiden Seiten scharf anbraten. Dann die Hitze reduzieren, die Lammkoteletts salzen und mit etwas Cayennepfeffer oder zerriebenen Peperoncini bestreuen.

2 Die Oliven grob hacken und mit 1 Prise Oregano und dem Zitronensaft zu den Lammkoteletts in die Pfanne geben. Die Koteletts noch einige Minuten bei mittlerer Temperatur schmoren lassen, dann mit dem Schmorsud servieren.

Küchentipp: Für Lammkoteletts gibt es zahlreiche Rezepte – ein wahres Gaumenvergnügen sind auch Lammkoteletts mit Minze: Dafür werden die Koteletts vor dem Braten 1 bis 2 Stunden in einer Marinade aus 3 Esslöffeln Olivenöl, dem Saft einer Zitrone und den frisch gehackten Minzeblättchen eingelegt, die Koteletts dabei häufiger wenden. Dazu passen Erbsen oder Zucchini besonders gut als Beilage.

ABBACCHIO ALLA ROMANA

Milchlamm mit Knoblauchsauce

Zutaten für 4 Personen

1 kg Milchlammfleisch
(entbeinte Schulter und einige Koteletts)
Salz, schwarzer Pfeffer aus der Mühle
Mehl zum Wenden
2 Knoblauchzehen
3 Sardellenfilets (in Salz)
1 Rosmarinzweig
100 ml Weißweinessig
6 EL Olivenöl (extra vergine) oder Schweineschmalz

1 Das Fleisch – bis auf die Koteletts – in Stücke schneiden, salzen, pfeffern und leicht in Mehl wenden. Den Knoblauch schälen. Die Sardellenfilets abspülen und trockentupfen. Von der Hälfte des gewaschenen Rosmarinzweigs die Nadeln abstreifen. Die Rosmarinnadeln mit dem Knoblauch und den Sardellenfilets fein hacken und mit dem Essig vermischen.

2 Das Olivenöl in einer Pfanne erhitzen, die Fleischteile hinzufügen und mit dem restlichen Rosmarinzweig rundherum gut anbraten, bis sie goldgelb sind. Das Lammfleisch aus der Pfanne nehmen und warm stellen. Den Rosmarinzweig herausnehmen und den Bratsatz mit der Essigmischung ablöschen. Die Sauce bei großer Hitze ein wenig einkochen lassen.

3 Die Fleischteile wieder hineingeben und 20 bis 25 Minuten offen bei kleiner Hitze köcheln lassen. Falls die Sauce zu sehr einkocht, noch etwas heißes Wasser dazugeben. Das Lamm nach Belieben mit Rosmarinzweigen servieren.

Oliven schmecken frisch geerntet beißend bitter. Außerdem sind sie auch ausgereift so hart, dass sie unbedingt einer Zusatzbehandlung bedürfen, um überhaupt genießbar zu sein. Überall, wo aus den Oliven Öl gepresst wird, werden sie auch zu Speiseoliven verarbeitet, in Lake oder in Öl eingelegt, mal mit, mal ohne Kräuter. Die bekannteste italienische Speiseolive ist die dunkle, fleischige »oliva taggiasca«, benannt nach ihrem Herkunftsort Taggia in Ligurien. Sie wird von jeher zu vorzüglichem Öl gepresst, aber auch in Salzlake konserviert. Die Region Marken bringt besonders große und zarte Oliven hervor, die »oliva da mensa« und die »oliva tenera ascolana«.

SALTIMBOCCA ALLA ROMANA

Kalbsschnitzel mit Salbei

ZUTATEN FÜR 4 PERSONEN

8 kleine hauchdünne Kalbsschnitzel
(je etwa 60 g)
8 Scheiben roher Schinken
8 große Salbeiblätter
Salz
weißer Pfeffer aus der Mühle
4 EL Butter
75 ml trockener Weißwein

1 Die Kalbsschnitzel mit dem Fleischklopfer zwischen Frischhaltefolie vorsichtig flach klopfen. Nicht zu fest klopfen, sonst werden die Fleischfasern zerstört.

2 Auf jedes Schnitzel 1 Scheibe Schinken und 1 Salbeiblatt legen und mit einem Holzspießchen feststecken.

3 Die Schnitzel wenden und auf der anderen Seite mit Salz und Pfeffer würzen – die mit Schinken und Salbei belegte Seite bekommt durch diese Zutaten genügend Würze.

4 In einer großen oder zwei kleinen Pfannen gleichzeitig die Butter zerlassen, dabei darauf achten, dass sie nicht bräunt. Die Kalbsschnitzel mit der Schinkenseite nach unten in die Pfanne geben und 2 Minuten bei mittlerer bis großer Hitze braten, wenden und auf der zweiten Seite 30 Sekunden braten.

5 Die Schnitzel herausnehmen und auf einer vorgewärmten Platte warm halten. Den Bratfond mit dem Weißwein ablöschen, kurz aufkochen lassen und über die Schnitzel gießen.

KÜCHENTIPP: Noch aromatischer schmecken die Kalbsschnitzel, wenn man sie mit in Olivenöl knusprig frittierten Salbeiblättern serviert.

INVOLTINI ALLA MILANESE

Kalbsrouladen nach Mailänder Art

Zutaten für 4 Personen

4 dünne Kalbsschnitzel (je etwa 100 g)
75 g Geflügel- oder Putenlebern
100 g grobes Bratwurstbrät
2 Knoblauchzehen
2 EL frisch geriebener Parmesan, 1 Ei
Salz, schwarzer Pfeffer aus der Mühle
8 Salbeiblätter
4 hauchdünne Scheiben
durchwachsener Räucherspeck
Mehl zum Wenden
1 große Zwiebel
50 g Butter
125 ml Weißwein
125 ml heiße Fleischbrühe

1 Die Kalbsschnitzel mit dem Fleischklopfer zwischen Frischhaltefolie vorsichtig flach klopfen. Nicht zu fest klopfen, sonst werden die Fleischfasern zerstört.

2 Lebern putzen, fein hacken und unter die Bratwurstmasse mischen. Knoblauch schälen und dazupressen. Parmesan und Ei untermischen, mit wenig Salz und reichlich Pfeffer würzen.

3 Die Masse auf die Schnitzel streichen und die Schnitzel aufrollen. Mit jeweils 1 Salbeiblatt belegen, mit den Speckscheiben umwickeln und mit Küchengarn zusammenbinden oder mit Rouladennadeln feststecken. Im Mehl wenden, überschüssiges Mehl abklopfen. Die Zwiebel schälen und in Scheiben schneiden.

4 In einer Pfanne die Butter zerlassen und die Rouladen darin bei mittlerer Hitze rundherum anbraten. Die Zwiebelscheiben hinzufügen und goldgelb braten. Den Wein dazugießen und etwa 5 Minuten auf die Hälfte einkochen. Die heiße Brühe dazugießen, die restlichen Salbeiblätter in die Sauce legen und alles zugedeckt bei kleiner Hitze 30 Minuten schmoren lassen.

5 Die Kalbsröllchen aus der Sauce nehmen und warm stellen. Die Sauce bei großer Hitze noch etwas einkochen, bis sie sämig ist. Nochmals abschmecken und zu den Kalbsröllchen servieren.

BRASATO ALLA MILANESE

Rinderschmorbraten in Rotwein

Zutaten für 6 Personen

1 kg Rindfleisch (aus der Schulter)
2 Knoblauchzehen
1 Stange Staudensellerie
1 kleiner Kohlrabi (mit Grün)
1 Möhre, 1 Zwiebel
3 EL Öl, 50 g Butter
Salz, schwarzer Pfeffer aus der Mühle
2 Gewürznelken
375 ml Rotwein
4 Tomaten
etwa 250 ml Fleischbrühe
frisch geriebene Muskatnuss

1 Das Fleisch mit einem spitzen Messer in gleichmäßigen Abständen leicht einritzen. Den Knoblauch schälen und in Stifte schneiden. Das Fleisch mit den Knoblauchstiften spicken.

2 Den Sellerie putzen, waschen und, wenn nötig, die Fäden abziehen. Den Kohlrabi putzen und schälen, das Grün beiseite legen. Die Möhre und die Zwiebel schälen. Das Gemüse klein schneiden.

3 In einem Bräter das Öl und die Butter erhitzen. Das Fleisch darin bei großer Hitze rundherum scharf anbraten. Das Gemüse hinzufügen und ebenfalls anbraten. Salzen und pfeffern und die Gewürznelken dazugeben. Den Rotwein dazugießen und etwas einkochen lassen.

4 Tomaten überbrühen, häuten, halbieren und entkernen, das Fruchtfleisch klein schneiden. Die Tomatenstücke zum Fleisch in den Bräter geben, die Brühe nach und nach dazugießen und den Braten zugedeckt 3 Stunden bei kleiner Hitze schmoren lassen.

5 Zum Servieren die Sauce durch ein Sieb streichen, mit Salz, Pfeffer und Muskatnuss abschmecken und nochmals kurz erwärmen. Nach Belieben das Kohlrabigrün in feine Streifen schneiden und das aufgeschnittene Fleisch damit garnieren.

ARISTA ALLA FIORENTINA

Schweinebraten mit Kräutern

Zutaten für 4 bis 6 Personen

1 kg Schweinefleisch (aus der Schulter)
2 Rosmarinzweige
3 Knoblauchzehen
2 EL Olivenöl (extra vergine)
Salz, schwarzer Pfeffer aus der Mühle
150 ml trockener Weißwein
1 Zwiebel
2 Gewürznelken
1 Lorbeerblatt

1 Die Schweineschulter mit Küchengarn zu einem Rollbraten binden. Von den gewaschenen Rosmarinzweigen die Nadeln abstreifen und hacken. Den Knoblauch schälen und fein hacken.

2 Knoblauch und Rosmarin mit 1 Esslöffel Olivenöl, Salz und Pfeffer mischen und das Fleisch mit der Marinade einreiben. Den Braten in Alufolie wickeln und etwa 8 Stunden an einem kühlen Ort ruhen lassen. Den Backofen auf 200 °C vorheizen.

3 Das restliche Olivenöl in einem Bräter erhitzen und das Fleisch darin rundherum bei großer Hitze scharf anbraten. Die Hälfte des Weißweins dazugießen und den Schweinebraten im Ofen zugedeckt etwa 30 Minuten garen.

4 Die Zwiebel schälen und in Würfel schneiden. Das Schweinefleisch wenden. Die Zwiebeln, den restlichen Wein, die Nelken und das Lorbeerblatt in den Bräter geben. Den Schweinebraten offen noch einmal etwa 1 Stunde garen, dabei ab und zu mit dem Bratfond übergießen.

5 Den gegarten Schweinebraten in Alufolie wickeln und etwa 10 Minuten ruhen lassen. Dann in Scheiben schneiden und auf einer vorgewärmten Platte anrichten. Den Bratfond getrennt dazu servieren.

VITELLO AL LATTE

Kalbsbraten in Milch

ZUTATEN FÜR 6 PERSONEN

50 g fetter Speck
1 kg Kalbfleisch (Nuss)
2 Zwiebeln
1 Knoblauchzehe
2 EL Öl
750 ml Milch
3 Nelken
½ TL Rosmarinnadeln
Salz, schwarzer Pfeffer aus der Mühle

1 Den Speck in Streifen schneiden und das Fleisch damit spicken – am einfachsten geht das, wenn die Speckstreifen im Gefrierfach so lange gekühlt werden, bis sie ganz hart sind. Mit einem spitzen, scharfen Messer kleine Einschnitte in das Fleisch stechen und die Speckstreifen hineindrücken. Zwiebeln und Knoblauch schälen, Zwiebeln fein hacken, Knoblauch halbieren.

2 In einem Bräter das Öl erhitzen und das Fleisch darin rundherum anbraten, bis es eine hellbraune Kruste hat. Das Öl abgießen und die Milch dazugießen. Zwiebeln und Knoblauch mit Nelken, Rosmarin, Salz und Pfeffer zum Fleisch geben und den Braten zugedeckt bei kleinster Hitze 2 Stunde köcheln lassen.

3 Den Braten herausnehmen und warm halten. Die Milchsauce durch ein Sieb gießen, nach Belieben mit wenig angerührter Speisestärke binden und noch einmal abschmecken. Das Fleisch in Scheiben schneiden und mit der Sauce servieren.

OSSOBUCO

Geschmorte Kalbshaxe

ZUTATEN FÜR 4 PERSONEN

4 große Scheiben Kalbshaxe
(etwa 5 cm dick; insgesamt etwa 1,5 kg)
Salz, schwarzer Pfeffer aus der Mühle
2 Saftorangen
1 unbehandelte Zitrone
2 Zwiebeln, 2 Möhren
1 Bund Petersilie, 1 Thymianzweig
2 EL Olivenöl (extra vergine), 1 EL Butter
50 ml trockener Weißwein
2 EL Tomatenmark
2 Knoblauchzehen
1 Lorbeerblatt
gemahlener Koriander und Rosmarin
250 ml Kalbsfond, 2 EL Crème fraîche

1 Die Fleischscheiben an der Seite etwas einschneiden, da sie sich sonst beim Braten zusammenziehen, salzen und pfeffern. Die Orangen auspressen. Die Zitrone heiß abwaschen und trockenreiben, die Schale mit einem Sparschäler abziehen und in feine Streifen schneiden.

2 Zwiebeln und Möhren schälen, beides in Würfel schneiden. Petersilie und Thymian waschen und trockenschütteln, die Blätter abzupfen und grob hacken. Backofen auf 200 °C vorheizen.

3 In einer großen Pfanne das Olivenöl und die Butter erhitzen und die Kalbshaxenscheiben darin auf beiden Seiten anbraten. Danach in einen Bräter legen. Zwiebeln und Möhren in die Pfanne geben und andünsten, herausnehmen und zum Fleisch geben.

4 Wein, Orangensaft und das in etwas Wasser aufgelöste Tomatenmark dazugeben und alles aufkochen. Knoblauch schälen und dazupressen. Petersilie und Thymian mit Lorbeerblatt, etwas Koriander und Rosmarin zum Fleisch geben. Den Bräter mit dem Deckel verschließen, in den vorgeheizten Ofen schieben und das Fleisch 1 ½ Stunden schmoren. Nach 30 Minuten, falls nötig, mit Kalbsfond auffüllen.

5 Etwa 15 Minuten vor Ende der Garzeit die Zitronenschalenstreifen in Wasser abkochen. Das Fleisch aus der Sauce heben und warm stellen. Die Sauce durch ein Sieb gießen und die Zitronenschalenstreifen sowie die Crème fraîche einrühren. Das Fleisch mit der Sauce und dem Gemüse servieren.

BOLLITO MISTO

Gemischtes, gekochtes Fleisch aus der Lombardei

Zutaten für 8 bis 10 Personen

1 kleine gepökelte Ochsenzunge (etwa 1,2–1,5 kg)
1 großes Suppenhuhn oder 1 Kapaun (etwa 2,25–2,75 kg)
2 vorgegarte Cotechino-Würste oder
1 Zampone di Modena (gefüllter Schweinefuß)
20 Möhren, 3 zarte Stangen Staudensellerie
Salz, schwarzer Pfeffer aus der Mühle
Für den Fond:
1 Bund Petersilie, 1 Knoblauchknolle, 4 Möhren
2 rote Zwiebeln, 4 Lorbeerblätter, 2 EL schwarze Pfefferkörner

1 Die Zunge 4 bis 5 Stunden wässern, dann abtropfen lassen und in einem Topf mit Wasser bedecken. Für den Fond die Petersilie waschen und trockenschütteln, die Knoblauchknolle schälen und quer halbieren, die Möhren und die Zwiebeln schälen. Die Hälfte der Fondzutaten zur Ochsenzunge geben und alles 3 Stunden köcheln lassen. Sie ist gar, wenn man eine Gabel mühelos hineinstechen kann. Eventuell aufsteigenden Schaum regelmäßig abschöpfen. Die Zunge herausnehmen, die Haut abziehen und die Zunge noch einmal 30 Minuten garen.

2 Nach 2 Stunden Garzeit das Suppenhuhn in einem anderen großen Topf mit Wasser bedecken, die restlichen Fondzutaten dazugeben und das Huhn bei kleiner Hitze je nach Größe 1 3/4 bis 2 1/2 Stunden köcheln lassen. Die Cotechino-Würste oder den Zampone separat in Wasser garen; ein Zampone ist größer und benötigt etwa 40 Minuten Garzeit, die Cotechino-Würste sollten hingegen bereits nach 20 Minuten gar sein.

3 Die Möhren putzen und schälen. Den Sellerie putzen, waschen und, wenn nötig, die Fäden abziehen. Die Selleriestangen grob zerkleinern. Etwa 20 Minuten vor Ende der Garzeit Möhren und Sellerie zum Suppenhuhn geben und mit etwas Salz würzen. Alle drei Töpfe vom Herd nehmen, das Fleisch herausnehmen und abtropfen lassen. Den Hühnerfond abschmecken, gegebenenfalls noch etwas Salz hinzufügen und durch ein feines Sieb gießen.

4 Vor dem Servieren die Zunge und das ausgelöste Suppenhuhnfleisch in 5 mm dicke Scheiben und die Würste in 8 mm dicke Scheiben schneiden. Die verschiedenen Fleisch- und Wurstscheiben auf einer großen vorgewärmten Servierplatte anrichten und etwas Hühnerfond darüber geben. Mit den Möhren und Selleriestücken garnieren. Dazu können Sie gekochte Linsen (siehe Seite 91), Senf und Salsa verde (Rezept siehe unten) reichen.

Salsa verde – die »grüne Sauce« Italiens – wird traditionell zu Bollito misto serviert. Hier ein einfaches Rezept: 2 Knoblauchzehen schälen, 6 Sardellenfilets abspülen und trockentupfen. Mit 1 bis 2 Esslöffeln Kapern, 2 Esslöffeln Weißweinessig und 2 Esslöffeln Paniermehl im Mixer fein pürieren. 2 Bund Petersilie waschen und trockenschütteln, die Blätter von den Stielen zupfen und fein hacken. Die Petersilie unter das Püree rühren. Mit Salz und Pfeffer würzen und etwa 125 ml Olivenöl (extra vergine) unterschlagen. Die Sauce bei Bedarf mit etwas Fleischbrühe verdünnen.

Trippa alla Trevisana

Kutteln nach Art von Treviso

Zutaten für 4 Personen

600 g Kutteln (vorgekocht)
100 g durchwachsener Räucherspeck
1 große Zwiebel
4 EL Butter
1 Rosmarinzweig
400 ml Fleischbrühe
Salz, schwarzer Pfeffer aus der Mühle
4 Scheiben Bauernbrot

1 Die Kutteln unter fließendem kaltem Wasser gründlich waschen, abtropfen lassen und in feine Streifen schneiden. Den Speck in feine Würfel schneiden. Die Zwiebel schälen und hacken.

2 Die Butter in einem Topf zerlassen und Speck und Zwiebeln darin andünsten. Die Kutteln und den gewaschenen Rosmarinzweig hinzufügen und einige Minuten mitdünsten. Mit der Fleischbrühe ablöschen und die Kutteln 50 Minuten zugedeckt bei kleiner Hitze köcheln lassen. Mit Salz und Pfeffer abschmecken.

3 Die Brotscheiben unter dem Backofengrill oder im Toaster rösten. Je 1 Scheibe Brot in vorgewärmte Suppenteller legen. Mit den Kutteln bedecken und nach Belieben mit frisch geriebenem Parmesan bestreut servieren.

Fegato alla Veneziana

Kalbsleber auf venezianische Art

Zutaten für 4 Personen

2 große Zwiebeln
600 g Kalbslebern
2 EL Olivenöl (extra vergine)
2 EL Butter
4–6 Salbeiblätter
Salz, schwarzer Pfeffer aus der Mühle

1 Die Zwiebeln schälen, halbieren und in feine Streifen schneiden. Die Lebern putzen und in dünne Scheiben schneiden. Die Hälfte des Olivenöls und der Butter in einer Pfanne erhitzen und die Zwiebeln darin glasig dünsten.

2 Restliche Butter und Olivenöl in einer zweiten Pfanne erhitzen. Die Salbeiblätter in die Pfanne geben. Die Lebern sehr rasch darin anbraten, bis sie nicht mehr rot sind. Mit Salz und Pfeffer abschmecken, mit den Zwiebeln mischen und sofort anrichten.

Küchentipp: Der Bratensaft der Lebern kann mit etwas Brühe oder Rotwein abgelöscht werden.

ROGNONI DI AGNELLO AL FINOCCHIO

Lammnieren mit Fenchel

ZUTATEN FÜR 4 PERSONEN

20 Lammnieren
90 ml Weißweinessig
2 große Zwiebeln
1 kleine Fenchelknolle (mit Grün)
2 El Olivenöl (extra vergine)
2 EL Butter
Salz, schwarzer Pfeffer aus der Mühle

1 Die Nieren halbieren und mit dem Essig in eine Schüssel geben. Ausreichend Wasser dazugießen, sodass die Nieren bedeckt sind. Mindestens 30 Minuten ruhen lassen.

2 In der Zwischenzeit die Zwiebeln schälen und in dünne Scheiben schneiden. Den Fenchel putzen, waschen und ebenfalls in dünne Scheiben schneiden. Das Fenchelgrün grob hacken und beiseite stellen.

3 In einer großen Pfanne Olivenöl und Butter erhitzen, Zwiebel- und Fenchelscheiben darin bei sehr kleiner Hitze 20 bis 25 Minuten dünsten, ohne dass das Gemüse braun wird. Mit Salz und Pfeffer würzen und in eine Schüssel füllen.

4 Die Haut von den Lammnieren abziehen und die Nieren in dünne Scheiben schneiden. In einer Pfanne ohne Fett bei mittlerer Hitze braten, bis sie eine rote Flüssigkeit abgeben und braun werden. Die Nieren in ein Sieb geben und unter fließendem kaltem Wasser abspülen, gut abtropfen lassen.

5 Die Pfanne mit Küchenpapier auswischen. Die Zwiebelmischung und die Nieren hineingeben und kräftig mit Salz und Pfeffer würzen. Bei mittlerer Hitze unter häufigem Wenden 3 bis 4 Minuten braten, bis die Nieren rundherum braun sind. Die gebratenen Lammnieren mit dem Fenchelgrün garniert servieren.

TOSCAN-FRUTTA

Gemüse

ANDAR PER MERCATI

Unterwegs auf den Märkten

Die italienische Sprache ging bei der Wortschöpfung für Gemüse, *verdure*, von *verde*, also vom Grünen aus. Die Auswahl an Grünzeug, vom Kraut bis zum Salat, ist in der Tat schier unendlich. Trotzdem: Wer sich Italiens Gemüse vor Augen hält, sieht knallbunt – das Rot von Tomaten, das Orange von Kürbissen, das Gelb von Paprika oder Mais, das Violett von Artischocken oder Auberginen. Die italienischen Märkte übertreffen jede Vorstellungskraft. Unter der Sonne des Südens wächst beinahe alles, und alles wird mehr als nur gut.

Wie ein farbenfrohes Stillleben muten viele italienische Märkte an. Hier kommt der Appetit schon beim Einkauf.

Noch im verschlafensten italienischen Provinznest ist der Wochenmarkt eine Institution, ein Umschlagplatz nicht nur für Waren, sondern auch für Tratsch und Klatsch. Wie alle Menschen haben alle Märkte einen eigenen Charakter. Die kleinen, überschaubaren Märkte in den Dörfern oder in den Wohnvierteln der Städte sind unprätentiös, praktisch und preiswert, eine willkommene Alternative zum üblichen Angebot der Läden, ein Farbtupfer im immer gleichen Alltag. Ganz anders wirken jene Märkte, die längst zu den Sehenswürdigkeiten in berühmten Städten zählen und in jedem Reiseführer stehen: zum Beispiel der Obstmarkt in Bozen, der Fisch- und Gemüsemarkt an Venedigs Rialto-Brücke, der Mercato di San Lorenzo in Florenz oder in Rom der Mercato dei Fiori. Hier spielt die Inszenierung von Schönheit und Fruchtbarkeit eine große Rolle: Vom Apfel bis zu den Zucchini werden alle Früchte kunstvoll arrangiert und als Stillleben präsentiert, und das natürlich zu manchmal recht abenteuerlichem Preis.

Die eigenwilligsten und markantesten Profile zeigen die großen sizilianischen Märkte in den Küstenstädten Catania und Palermo. Hier entfalten sich Reichtum und Fruchtbarkeit einer Insel, die seit der Antike auf Landwirtschaft und Fischfang spezialisiert ist. Und hier sind noch alle Kulturen und Traditionen lebendig, die im Lauf der Jahrhunderte Griechen, Römer, Araber, Normannen und Spanier während ihrer Herrschaftszeit über Sizilien hinterlassen haben. Besonders reizvoll: Alle großen Inselmärkte haben das Flair eines orientalischen Basars und zugleich ein derart opulentes Angebot, dass man sich in Catanias und Palermos Blüte zur Barockzeit zurückversetzt fühlt. Statt von Marktplätzen sollte man in beiden Städten besser von Marktvierteln sprechen. Auf Palermos Markt Da Capo hat jeder Handelszweig seinen eigenen Straßenzug mit Ständen im Freien und Ladenlokalen im Hintergrund. Im Gedränge und Gemenge lautstark feilschender Händler und Käufer kann man sich treiben lassen: durch die Gasse der Floristen, die Straße der Fisch- und Muschelverkäufer, durch die Obst- und Gemüsegassen. Diese sind am faszinierendsten: In einer opulenten Show zeigen sie Sizilien als unerschöpflichen Garten Eden mit Mandeln, Pistazien, Zitronen, Orangen, mit Auberginen und Zucchini in vielfältigsten Farben, Formen und Größen.

So verschieden die italienischen Märkte auch anmuten, drei Eigenschaften haben alle gemeinsam. Sie sind erstens immer ein Spiegel der Jahreszeiten und der regionalen Produkte. Zweitens sind sie Orte der Überlieferung von Kochkünsten, Freiluft-Kochschulen sozusagen. Markt- und Hausfrauen tauschen ihre Rezepte aus und weihen gern auch interessierte Fremde in ihre Küchengeheimnisse ein. Und wer jemals die großen Gesten gesehen, die temperamentvollen Debatten über Garzeiten oder Zubereitungsarten gehört hat, der weiß: Der italienische Markt ist, drittens, immer auch das: *commedia dell'arte*, turbulentes, amüsantes Stegreiftheater.

Mit Kennerblick geprüft: Nur frische Produkte wandern in den Einkaufskorb.

TUTTA L'ERBA È INSALATA

Jedes Kraut wird zum Salat

Keine Mahlzeit ohne Gemüse: Ohne auch nur im mindesten ein Volk von Vegetariern zu sein, haben die Italiener diesen Grundsatz von alters her verinnerlicht. Das liegt zum einen daran, dass in früheren – kargeren – Zeiten die Leute vom Land im Wald und in den Wiesen alle genießbaren Kräuter und Pflanzen sammelten, um ihre meist recht monotonen Grundnahrungsmittel auf Getreidebasis zu beleben. Zum anderen isst man in Italien traditionell mit ausgeprägtem Gesundheitsbewusstsein. Und man spricht auch gern über die wohltuende oder heilsame Wirkung bestimmter Kräuter und Pflanzen, am liebsten gleich während des Essens. So sagt schon die *mamma* ihrem Kind: Möhren sind gut für die Augen. Artischocken unterstützen die Leberfunktion. Kohl hält das Zahnfleisch gesund. Mit Fenchel schützt man sich vor Rheuma. Paprika und Tomaten wirken sich positiv auf das Blutbild aus. Rohes Gemüse ist bekanntlich am gesündesten.

Die italienische Küche schwelgt denn auch in Salatkreationen, betrachtet den Salat sogar als einen eigenen Gang, der flexibel zwischen Vor- und Hauptspeise oder zwischen Hauptgang und Dessert geschoben werden kann. Speziell in der warmen Jahreszeit wird er sogar häufig zur Hauptmahlzeit, angereichert mit Fisch oder Geflügel, mit Eiern, mit Nudeln, Brot oder Reis. Aus Gründen der besseren Bekömmlichkeit und Verdaulichkeit setzen viele Köche das Gemüse am liebsten unter Dampf, statt es zu dünsten, zu kochen oder zu braten. Diese Garmethode hält den Verlust an Vitaminen und Nährstoffen am effizientesten in Grenzen, erhält den Geschmack fast unverfälscht. Und bringt einmal mehr Resultate, die exemplarisch für italienische Kochkunst sind: bestechend einfache, klare und zugleich herzhafte Kreationen wie Spinat mit Olivenöl und Knoblauch. Ein Gemüsegericht, das alle regionalen Grenzen überwunden hat, zwischen dem Brenner und der Stiefelspitze fest in jedem häuslichen Repertoire verankert ist und seinen Status als Klassiker ausschließlich der Güte seiner Zutaten verdankt: frischem Blattspinat, je nach Vorliebe gedämpft oder gekocht, gebratenem oder mitgedünstetem Knoblauch und fadendünn aufgetragenem Olivenöl bester Qualität.

CARCIOFI CON CREMA DI POMODORI

Artischocken mit Tomatencreme

Artischocken

Frühling und Frühsommer sind die Erntezeiten der Artischocken, die es in mehreren Größen und unterschiedlichen Farben gibt. Kleine Artischocken können im Ganzen zubereitet werden, von großen werden die Hüllblätter und Blütenböden verzehrt.

Zutaten für 4 Personen

8–12 junge, zarte Artischocken
Salz
etwa 5 EL Zitronensaft
125 g passierte Tomaten
2 EL Tomatenmark
2 EL Sahne
1 kleine Zwiebel
1 Knoblauchzehe
schwarzer Pfeffer aus der Mühle
Cayennepfeffer

1 Von den Artischocken die harten Außenblätter und Blattspitzen entfernen. Die Stielenden kürzen und großzügig schälen. Die Artischocken in reichlich Salzwasser mit einem Schuss Zitronensaft 15 Minuten kochen.

2 Die Artischocken herausheben, abtropfen lassen und das »Heu« herausschneiden. Die Artischocken warm halten.

3 Für die Tomatencreme die passierten Tomaten mit dem Tomatenmark und der Sahne glatt rühren. Die Zwiebel und den Knoblauch schälen, beides sehr fein hacken.

4 Zwiebeln und Knoblauch mit dem restlichen Zitronensaft unter die Tomatencreme rühren. Mit Salz, Pfeffer und 1 Prise Cayennepfeffer abschmecken.

5 Die Artischocken noch warm auf Tellern anrichten, jeweils etwas Tomatencreme daneben setzen und nach Belieben mit dünnen Zitronenscheiben servieren.

RUCOLA CON POMODORI

Rucola mit getrockneten Tomaten

ZUTATEN FÜR 4 PERSONEN

4 Bund Rucola (etwa 300 g)
2 EL Aceto balsamico
Salz, schwarzer Pfeffer aus der Mühle
4 EL Olivenöl (extra vergine)
10 getrocknete, in Öl eingelegte Tomaten
1–2 EL Kapern (in Lake)
2 Scheiben Weißbrot
1 Knoblauchzehe

1 Rucola putzen, die harten Stiele entfernen, die Blätter waschen, trockenschütteln und etwas klein schneiden. Essig, Salz, Pfeffer und Olivenöl zu einem Dressing verrühren.

2 Die getrockneten Tomaten aus dem Einlegöl nehmen, abtropfen lassen und 1 bis 2 Esslöffel Tomatenöl beiseite stellen. Die Tomaten in Streifen schneiden.

3 Die Kapern abtropfen lassen. Von den Weißbrotscheiben die Rinde entfernen und das Brot in Würfel schneiden.

4 Das Tomatenöl in einer Pfanne erhitzen und die Brotwürfel darin bei mittlerer Hitze knusprig rösten. Den Knoblauch schälen und dazupressen.

5 Das Dressing über den Rucola träufeln und gut untermischen. Den Salat mit den Tomatenstreifen, den Kapern und den Brotwürfeln bestreut servieren.

KÜCHENTIPP: Statt der eingelegten Tomaten kann man auch frische Cocktailtomaten oder in Würfel geschnittene Eiertomaten verwenden. Besonders gut schmeckt der Salat, wenn man noch frisch gehobelte Parmesanspäne darüber streut.

RUCOLA

Rucola oder Rauke ist erst in letzter Zeit wieder zu Ehren gekommen. Seine Heimat liegt rund ums Mittelmeer. Schon im Mittelalter wurde die Pflanze wegen ihrer verdauungsfördernden Wirkung geschätzt und als Würzkraut verwendet.

POMODORI CON ACCIUGHE E MOZZARELLA

Tomaten mit Sardellen und Mozzarella

ZUTATEN FÜR 4 PERSONEN

4 schöne, feste Tomaten
Salz
4 Sardellenfilets (in Salz)
12 Basilikumblätter
1 kleiner Peperoncino
4 Scheiben Mozzarella
(etwa 1 cm dick)
schwarzer Pfeffer aus der Mühle
4 EL Olivenöl (extra vergine)

1 Die Tomaten waschen und waagrecht halbieren. Die Schnittflächen leicht mit Salz bestreuen und die Tomaten zum Abtropfen mit den Schnittflächen nach unten etwa 10 Minuten in ein Sieb legen. Die Sardellen abspülen und trockentupfen. Die Basilikumblätter waschen und trockentupfen. Den Peperoncino längs halbieren, entkernen, waschen und in 4 Stücke teilen.

2 Die 4 unteren Tomatenhälften nebeneinander auf eine Platte stellen, mit je 1 Scheibe Mozzarella, 1 Sardellenfilet sowie 2 Basilikumblättern belegen. Mit etwas Pfeffer bestreuen und mit einigen Tropfen Olivenöl beträufeln.

3 Die oberen Tomatenhälften kreuzweise einschneiden und auf die belegten unteren Hälften setzen. Die restlichen Basilikumblätter sowie jeweils 1 Peperoncinostück in den Einschnitt der oberen Tomatenhälften stecken.

4 Die gefüllten Tomaten mit Pfeffer und nach Belieben mit getrocknetem Oregano bestreuen, mit dem restlichen Öl beträufeln.

KÜCHENTIPP: In Italien sind auch gefüllte Tomaten sehr beliebt. Dazu wird von den Tomaten jeweils ein Deckel abgeschnitten und die Tomaten ganz ausgehöhlt. Als Füllung bietet sich z. B. eine Mischung aus Pecorino, Oregano und Olivenöl oder aus Thunfisch, Joghurt, Zitronensaft, Kapern, Petersilie und Basilikum an.

Peperoncini heißen auf Italienisch die Chilischoten, die spanische und portugiesische Seefahrer von ihren Entdeckungsreisen in die Neue Welt mitgebracht haben. Kolumbus pries sie als Gewürze, deren Aroma dem von Pfeffer bei weitem überlegen sei. Ein großes Kompliment, wenn man bedenkt, dass Pfeffer damals so kostbar wie Gold war. Peperoncini werden in den südlichen Regionen Italiens angebaut – die Ernte wird an Hauswänden und quer über die Gassen zum Trocknen aufgehängt. Ihrer Schärfe wegen sind die kleinen Schoten mehr Gewürz als Gemüse und geben milden Speisen wie Pasta oder Linsen das gewisse Etwas.

INSALATA DI PORCINI

Steinpilzsalat

Zutaten für 2 Personen

250 g Steinpilze
Saft von 1/2 Zitrone
3 EL Olivenöl (extra vergine)
Salz, schwarzer Pfeffer aus der Mühle
75 g Parmesan

1 Die Steinpilze putzen, mit Küchenpapier gründlich abreiben und in dünne Scheiben schneiden. Die Steinpilzscheiben auf Tellern anrichten.

2 Die Pilze mit Zitronensaft und Olivenöl beträufeln und mit Salz und Pfeffer würzen. Den Parmesan in feinen Spänen über den Pilzsalat hobeln, nach Belieben mit Zitronenscheiben garnieren.

Küchentipp: Außer Steinpilzen eignen sich für diesen Salat auch die schmackhaften orangefarbenen »ovoli« (Kaiserlinge), die man allerdings nur selten außerhalb Italiens bekommt. Alternativ kann man auch frische Champignons oder Egerlinge verwenden. Zu dem Pilzsalat passt klein geschnittener Staudensellerie sehr gut.

INSALATA DI FARRO

Dinkelsalat

Zutaten für 6 Personen

150 g Dinkelkörner
300 ml Gemüsebrühe
1/2 Salatgurke
300 g Tomaten
12 Basilikumblätter
3–4 EL Weißweinessig
6 EL Olivenöl (extra vergine)
Salz, schwarzer Pfeffer aus der Mühle

1 Den Dinkel über Nacht in Wasser einweichen. Am nächsten Tag abgießen, in einem Topf mit der Gemüsebrühe 20 Minuten kochen und dann bei kleinster Hitze 40 Minuten quellen lassen. Vom Herd nehmen und abkühlen lassen.

2 Die Salatgurke waschen, nach Belieben schälen, der Länge nach halbieren, entkernen und in Würfel schneiden. Die Tomaten überbrühen, häuten, halbieren und entkernen, das Fruchtfleisch in Stücke schneiden. Die Basilikumblätter waschen, trockentupfen und grob hacken.

3 Das Gemüse mit den Dinkelkörnern mischen. Aus Essig, Olivenöl, Salz, Pfeffer und Basilikum ein Dressing anrühren, kurz vor dem Servieren über den Salat geben.

INSALATA DI SPINACI

Spinatsalat

Zutaten für 4 Personen

50 g Rosinen, 2 kg junger Spinat
1 Knoblauchzehe
2 EL Olivenöl (extra vergine)
1 EL Butter
Salz, schwarzer Pfeffer aus der Mühle
2 EL Pinienkerne

1 Die Rosinen in warmem Wasser einweichen. Den Spinat verlesen, waschen und gut abtropfen lassen. In einer Salatschüssel oder auf einer großen Platte anrichten.

2 Den Knoblauch schälen und mit einem Messer zerdrücken. In einer großen Pfanne das Öl und die Butter erhitzen, den Knoblauch darin kurz andünsten und wieder herausnehmen.

3 Die abgetropften Rosinen in die Pfanne geben, mit Salz und Pfeffer würzen und über den Spinatblättern verteilen. Die Pinienkerne in einer Pfanne ohne Fett rösten und darüber streuen.

INSALATA DI ARANCE

Salat mit Orangen und Oliven

Zutaten für 4 Personen

4 mittelgroße, nicht zu süße Orangen
1 EL Weißweinessig
4 EL Olivenöl (extra vergine)
Salz, schwarzer Pfeffer aus der Mühle
10 kleine, entsteinte schwarze Oliven
100 g Ricotta

1 Die Orangen mit einem Messer so schälen, dass auch die weiße Haut entfernt wird. Die Früchte halbieren und in feine Scheiben schneiden, dabei den Saft auffangen.

2 Den Essig mit 2 Esslöffeln Orangensaft und dem Olivenöl zu einem Dressing verrühren. Mit Salz und Pfeffer würzen. Orangen, Oliven und den zerbröckelten Ricotta mit dem Dressing vermischen und den Salat vor dem Servieren 30 Minuten ziehen lassen.

CARCIOFI CON MOZZARELLA

Mit Mozzarella gefüllte Artischocken

Mozzarella

Früher wurde Mozzarella ausschließlich aus Büffelmilch hergestellt. Die Büffel grasen auf den Weiden Kampaniens, im Süden Italiens, und ihre Milch ist fetter als Kuhmilch. Der daraus hergestellte Käse ist samtig und angenehm aromatisch.

Zutaten für 4 Personen

8 mittelgroße Artischocken
Saft von 1 Zitrone
450 g Mozzarella
1 EL frisch geriebener Parmesan
4 EL Paniermehl
1 Ei
Salz, schwarzer Peffer aus der Mühle
125 ml Olivenöl (extra vergine)

1 Von den Artischocken die harten Außenblätter und Blattspitzen entfernen. Die Stielenden kürzen und großzügig schälen. Die Artischocken sofort in kaltes Zitronenwasser legen, damit sie sich nicht dunkel verfärben.

2 Mozzarella abtropfen lassen, klein schneiden und mit dem Parmesan, dem Paniermehl und dem verquirlten Ei vermischen. Salzen, pfeffern und 1 Esslöffel Olivenöl dazugeben.

3 Den Backofen auf 180 °C vorheizen. Die Artischocken herausheben, abtropfen lassen und das »Heu« herausschneiden. Etwas von der Mozzarellamischung in jede Artischocke geben und die gefüllten Artischocken nebeneinander aufrecht in eine mit etwas Olivenöl gefettete ofenfeste Form setzen.

4 Das restliche Olivenöl und ½ Liter Wasser zu den gefüllten Artischocken gießen und die Form mit Alufolie gut abdecken.

5 Die Artischocken im Ofen etwa 40 Minuten garen, dabei gelegentlich mit dem eigenen Saft übergießen. Die Alufolie 15 Minuten vor Ende der Garzeit entfernen. Die Artischocken in der Form servieren.

CAROTE AL MARSALA

Möhren mit Marsala

Zutaten für 4 Personen

500 g Möhren
4 EL Butter
100 ml trockener Marsala
Salz
2 EL Pinienkerne

1 Die Möhren schälen und der Länge nach in Scheiben schneiden. Die Butter in einem Topf zerlassen und die Möhrenscheiben darin bei mittlerer Hitze unter häufigem Wenden 6 bis 7 Minuten dünsten.

2 Den Marsala dazugießen und die Möhren mit Salz würzen. Die Temperatur herunterschalten. Die Möhren zugedeckt bei kleiner Hitze etwa 10 Minuten garen, bis sie weich sind, aber noch Biss haben. Die Pinienkerne in einer Pfanne ohne Fett rösten und kurz vor dem Servieren über die Möhren streuen.

Küchentipp: Sie können die Möhren auch quer in Scheiben schneiden – dann müssen sie nur kürzere Zeit im Marsala garen.

Statt Möhren in Marsala können Sie auch »Carote al limone« zubereiten: Dazu 500 g Möhren schälen, in Scheiben schneiden und in kochendem Salzwasser 15 Minuten garen. 2 Schalotten schälen, hacken und in 4 Esslöffeln zerlassener Butter dünsten. Etwas Möhrenkochwasser hinzufügen und mit der abgeriebenen Schale von ½ unbehandelten Zitrone etwas einkochen lassen. Die Möhren hinzufügen und etwa 10 Minuten mitdünsten. Vor dem Servieren mit je 1 Esslöffel gerösteten Sesamsamen und frisch gehackter Petersilie bestreuen.

Marsala

Der süße Dessertwein stammt aus der gleichnamigen sizilianischen Stadt. Diese Alternative zu Sherry und Portwein ist mit Traubenbranntwein versetzt und mit Traubenmost aromatisiert. Zum Kochen eignet sich am besten der trockene »Marsala vergine«.

PEPERONATA

Paprikagemüse

Zutaten für 4 Personen

300 g große Zwiebeln
400 g Paprikaschoten
300 g kleine Tomaten
50 g entsteinte grüne Oliven
4 EL Olivenöl (extra vergine)
Salz, schwarzer Pfeffer aus der Mühle
1–2 EL Weißweinessig

1 Die Zwiebeln schälen und in Ringe schneiden. Die Paprikaschoten der Länge nach halbieren, Trennwände und Kerne entfernen. Die Schotenhälften waschen und in Streifen schneiden. Die Tomaten überbrühen, häuten, vierteln und entkernen. Die Oliven grob hacken.

2 In einem Topf das Olivenöl erhitzen und die Zwiebeln darin unter Rühren bei mittlerer Hitze dünsten, bis sie weich, aber nicht gebräunt sind. Die Paprikastreifen und die Tomaten dazugeben und mitdünsten. Mit Salz, Pfeffer und Essig würzen.

3 Nach 10 Minuten die gehackten Oliven untermischen. Das Gemüse zugedeckt so lange schmoren lassen, bis die Paprikaschoten weich, aber nicht zerkocht sind. Sollte nach Ende der Garzeit zu viel Flüssigkeit übrig bleiben, das Paprikagemüse bei großer Hitze unter ständigem Rühren noch einmal kurz aufkochen, bis die Flüssigkeit verdampft ist.

Küchentipp: Statt der Oliven kann man auch 2 in Scheiben geschnittene Knoblauchzehen mitdünsten. Das Paprikagemüse schmeckt heiß, lauwarm und auch kalt, z. B. als Beilage zu Fleisch.

CAPONATA SICILIANA

Sizilianisches Auberginengemüse

ZUTATEN FÜR 4 BIS 6 PERSONEN

600 g Auberginen, Salz
2 EL Sultaninen, 300 g Zwiebeln
300 g Tomaten
2 Stangen Staudensellerie
50 g entsteinte grüne Oliven
6 EL Olivenöl (extra vergine)
1 EL Kapern (in Öl)
schwarzer Pfeffer aus der Mühle
etwa 100 ml Weißweinessig
1 gehäufter EL Zucker, 1 EL Pinienkerne

1 Die Auberginen putzen, waschen und in kleine Würfel schneiden. Die Auberginenwürfel in einem Sieb mit Salz bestreuen und 30 Minuten ruhen lassen.

2 Die Sultaninen 15 Minuten in lauwarmem Wasser einweichen. Die Zwiebeln schälen und in dünne Ringe schneiden. Die Tomaten überbrühen, häuten, halbieren und entkernen, das Fruchtfleisch in Würfel schneiden. Sellerie putzen und waschen, wenn nötig, die Fäden abziehen, die Selleriestangen in 2 cm lange Stücke schneiden. Die Oliven grob zerkleinern.

3 In einem Topf 4 Esslöffel Olivenöl erhitzen. Die Auberginenwürfel abspülen, ausdrücken und mit Küchenpapier trockentupfen. Im heißen Öl bei starker Hitze anbraten und wieder aus dem Topf nehmen.

4 Das restliche Öl in den Topf gießen, die Temperatur herunterschalten. Die Zwiebeln im heißen Öl etwa 15 Minuten weich dünsten, aber nicht bräunen. Den Sellerie dazugeben und kurz mitdünsten. Die Tomaten untermischen und nach etwa 5 Minuten die Oliven, die Kapern, die abgetropften Sultaninen und die gebratenen Auberginenwürfel dazugeben. Mit Salz, Pfeffer, Essig und Zucker würzen.

5 Das Gemüse 5 Minuten kochen, dabei den Essig einkochen lassen. Die Pinienkerne in einer Pfanne ohne Fett rösten und vor dem Servieren über das Auberginengemüse streuen.

TORTA DI VERDURE

Gemüsetorte

ZUTATEN FÜR 4 BIS 6 PERSONEN

150 g grüner Spargel, Salz
1 Zwiebel, 1 Zucchino
2 große Knoblauchzehen
100 g junger Spinat
4 EL Olivenöl
1 EL frisch gehacktes Basilikum
schwarzer Pfeffer aus der Mühle
Butter für die Form
75 g frisch geriebener Parmesan
je 250 g Ricotta und Mascarpone, 4 Eier

1 Den Spargel waschen und die holzigen Enden entfernen. Die Spargelspitzen abschneiden, den Rest der Stangen in Stücke schneiden. In einem kleinen Topf Salzwasser zum Kochen bringen und die Spargelstücke darin 2 Minuten blanchieren. Dann die Spargelspitzen dazugeben und noch 1 Minute kochen. Den Spargel abgießen, abtropfen lassen und beiseite stellen.

2 Die Zwiebel schälen und fein hacken. Den Zucchino putzen, waschen, der Länge nach halbieren und in dünne Scheiben schneiden. Den Knoblauch schälen und fein hacken. Den Spinat verlesen, waschen und gut abtropfen lassen, die harten Stiele abschneiden.

3 Das Olivenöl in einem Topf erhitzen und die Zwiebeln darin glasig dünsten. Die Temperatur erhöhen und die Zucchini dazugeben. Den Knoblauch untermischen und 1 Minute mitdünsten. Zum Schluss den Spinat dazugeben und kurz mitdünsten, bis er leicht zusammenfällt. Den Topf vom Herd nehmen, Spargel und Basilikum untermischen. Das Gemüse mit Salz und Pfeffer kräftig würzen und zum Abkühlen beiseite stellen. Den Backofen auf 180 °C vorheizen.

4 Eine Springform von 20 cm Durchmesser mit Butter einfetten und mit 1 Esslöffel Parmesan ausstreuen. Ricotta, Mascarpone, die Eier und 50 g Parmesan in einer Schüssel gut verrühren, mit Salz und Pfeffer kräftig abschmecken.

5 Das Gemüse abwechselnd mit der Käse-Ei-Mischung in die Form füllen und mit dem restlichen Parmesan bestreuen. Die Gemüsetorte im Ofen etwa 30 Minuten backen. Die Oberfläche der Torte sollte goldbraun und die Gemüsemischung in der Mitte noch locker sein. Die Gemüsetorte 30 Minuten abkühlen lassen, dann etwa 3 Stunden in den Kühlschrank stellen, bis sie fest ist. Die Gemüsetorte nach Belieben mit Blattsalat servieren.

Spargel wird in Italien zwar in mehreren Regionen kultiviert, doch meist in kleinen Anbaugebieten, die ausschließlich den lokalen Markt bedienen. Einen Namen hat Spargel aus Venetien und aus der Lombardei, Regionen mit einer vielfältigen Spargelküche. »Più semplice possibile«, so einfach wie möglich, soll die Zubereitung des Gemüses sein: Gekochter Spargel wird mal mit zerlassener Butter, mal mit hochwertigem Olivenöl und einem Spritzer Balsamico gereicht. Wildspargel, kostbarer als weißer oder grüner Spargel, wächst in den Bergen des Zentrums und Südens. Man genießt ihn pur, blanchiert und mit etwas Olivenöl beträufelt.

CARDI ALLA PARMIGIANA

Kardonen nach Art von Parma

Zutaten für 4 Personen

1 kleine Kardone
Saft von 1/2 Zitrone, Salz
80 g Butter
80 g frisch geriebener Parmesan

1 Von der Kardone die harten Außenblätter entfernen, die zarten inneren Blätter bzw. die Blattrippen putzen, waschen und in etwa 10 cm lange Stücke teilen. Sofort in Zitronenwasser legen, damit sie sich nicht dunkel verfärben.

2 Die Kardonenstücke in kochendem Salzwasser etwa 3 Minuten blanchieren, abschrecken und abtropfen lassen. 60 g Butter in einem Topf zerlassen. Den Backofen auf 180 °C vorheizen.

3 Eine ofenfeste Form mit Butter einfetten und mit einer Schicht Kardonen auslegen. Mit ein wenig zerlassener Butter beträufeln und mit etwas Parmesan bestreuen. Wieder eine Lage Gemüse einfüllen und auf diese Weise die Zutaten schichten, bis sie aufgebraucht sind. Das Gemüse im Ofen 20 bis 30 Minuten backen, bis die Käsekruste goldbraun ist. Sofort in der Form servieren.

MELANZANE IN COTOLETTA

Auberginenschnitzel

Zutaten für 4 Personen

4 feste Auberginen
Salz, 2 Eier
100 g Paniermehl, 100 g Butter
1 unbehandelte Zitrone

1 Die Auberginen putzen und waschen. Im Ganzen in reichlich kochendem Salzwasser 6 bis 7 Minuten bei großer Hitze kochen. In ein Sieb abgießen, abtropfen und und kurz abkühlen lassen.

2 Auberginen der Länge nach in fingerdicke Scheiben schneiden und mit Küchenpapier trockentupfen. Die Eier verquirlen und mit Salz würzen. Die Auberginenscheiben nacheinander in der Eimasse und im Paniermehl wenden.

3 Die Butter in einer Pfanne zerlassen. Sobald sie aufschäumt, die panierten Auberginenscheiben darin portionsweise auf beiden Seiten goldbraun braten, herausnehmen und warm halten. Die Zitrone heiß abwaschen, trockenreiben und in Scheiben schneiden. Zu den Auberginen servieren.

COSTE GRATINATE

Überbackener Mangold

ZUTATEN FÜR 4 PERSONEN

1 kg Mangold
Salz, 1/2 EL Mehl
200 ml Milch
frisch geriebene Muskatnuss
50 g Butter
3 EL Paniermehl
4 EL frisch geriebener Parmesan
Butter für die Form

1 Vom Mangold nur die Stiele verwenden. Diese verlesen und waschen, wenn nötig, harte Fasern entfernen. Die Mangoldstiele in Salzwasser etwa 10 Minuten kochen, abtropfen lassen und in etwa 5 cm lange Stücke schneiden. Das Mehl mit der Milch verrühren und 1 Prise Muskatnuss unterrühren.

2 In einem großen Topf die Hälfte der Butter zerlassen. Die Mangoldstiele hineingeben, salzen, gut umrühren und goldgelb dünsten. Nach einigen Minuten die Mehlmilch dazugießen. Jeweils 1 Esslöffel Paniermehl und Parmesan darüber streuen. Alles gut vermischen und 8 bis 10 Minuten bei kleiner Hitze unter gelegentlichem Umrühren sanft köcheln lassen. Das Gericht darf nicht zu trocken sein – wenn nötig, noch etwas Milch hinzufügen.

3 Den Backofen auf 200 °C vorheizen. Eine ofenfeste Form mit Butter einfetten, 1 Esslöffel Paniermehl hineinstreuen. Das Gemüse in die Form geben, mit dem restlichen Paniermehl und dem übrigen Parmesan bestreuen und mit der restlichen Butter in Flöckchen belegen. Die Mangoldstiele im Ofen überbacken, bis sie eine braune Kruste haben.

FINOCCHIO ALLA PARMIGIANA

Fenchelgratin mit Parmesan

FENCHEL

Fenchel hat in Italien von Oktober bis Mai Saison; es gibt wilden wie auch kultivierten Gemüsefenchel. Die Regionen Marken und Abruzzen gelten als die besten Anbaugebiete. Fenchelgrün wird gern als Würzkraut für Salate verwendet.

ZUTATEN FÜR 6 PERSONEN

10 Fenchelknollen
Salz, 2 Knoblauchzehen
300 g Sahne
50 g frisch geriebener Parmesan
schwarzer Pfeffer aus der Mühle
Butter für die Form

1 Den Fenchel putzen und waschen, das Fenchelgrün entfernen. Die Knollen jeweils sechsmal der Länge nach einschneiden, sodass die einzelnen Stücke noch vom Mittelstrunk zusammengehalten werden. Den Fenchel einige Minuten in kochendem Salzwasser blanchieren, abgießen und gut abtropfen lassen. Den Backofen auf 200 °C vorheizen.

2 Knoblauch schälen und fein hacken. Mit der Sahne und der Hälfte des Parmesans vermischen, mit Salz und Pfeffer würzen.

3 Eine ofenfeste Form mit Butter einfetten. Den Fenchel in die Form setzen und die Sahnemischung darüber geben. Mit dem restlichen Parmesan bestreuen und die Form mit Alufolie abdecken.

4 Die Fenchelknollen im Ofen etwa 20 Minuten gratinieren. Dann die Alufolie entfernen und den Fenchel noch weitere 10 Minuten backen, sodass eine goldbraune Kruste entsteht.

KÜCHENTIPP: Man kann das Fenchelgrün klein geschnitten als Würzkraut in die Sahnemischung geben oder damit das gebackene Fenchelgratin garnieren.

FAGIOLINI ALLA GENOVESE

Grüne Bohnen in Sardellensauce

Zutaten für 4 Personen

750 g junge grüne Bohnen
Salz
1 kleine Knoblauchzehe
1 Bund Petersilie
4 Sardellenfilets (in Salz)
1 EL Olivenöl (extra vergine)
1 EL Butter
schwarzer Pfeffer aus der Mühle

1 Bohnen putzen und die Enden abknipsen. Die Bohnen waschen und in kochendem Salzwasser 10 Minuten knapp bissfest garen, in ein Sieb abgießen und abtropfen lassen.

2 Den Knoblauch schälen und fein hacken. Die Petersilie waschen und trockenschütteln, die Blätter von den Stielen zupfen und fein hacken. Die Sardellen abspülen, mit Küchenpapier trockentupfen und ebenfalls fein hacken. Knoblauch, Petersilie und Sardellen gründlich mischen.

3 Das Öl und die Butter in einem Topf erhitzen, die Sardellenmischung darin gut 5 Minuten bei kleiner Hitze dünsten.

4 Die Bohnen hinzufügen, mit Pfeffer und, je nach Geschmack, mit Salz würzen und alles gut unterrühren. Die Bohnen zugedeckt bei schwacher Hitze gar ziehen lassen.

Küchentipp: Die Bohnen in Sardellensauce schmecken ausgezeichnet als Beilage zu kurz gebratenem Fleisch oder Geflügel.

Grüne Bohnen

Frische grüne Bohnen sind in Italien ein typisches Sommergemüse. Die Farbe der feinen Bohnen variiert von Gelb bis zu einem hellen oder dunkleren Grün. Ein Klassiker ist auch Bohnensalat mit Thunfisch oder gekochten Eiern.

ASPARAGI CON SALSA DI GORGONZOLA

Spargel mit Gorgonzolasauce

ZUTATEN FÜR 4 BIS 6 PERSONEN

1 kg weißer und grüner Spargel
2 EL Butter
200 g Gorgonzola
1 Oreganozweig oder 1 Basilikumstiel
50 g Mascarpone
Salz, schwarzer Pfeffer aus der Mühle

1 Den Spargel waschen und abtropfen lassen. Die weißen Spargelstangen schälen und die unteren Enden abschneiden. Vom grünen Spargel nur das untere Drittel schälen und die Enden abschneiden.

2 Für die Sauce die Butter in einem mittelgroßen Topf bei kleiner Hitze zerlassen. Den Gorgonzola in Stücke schneiden und in der Butter vorsichtig erwärmen, bis er weich, aber noch nicht flüssig ist.

3 Die Kräuter waschen und trockenschütteln, die Blättchen abzupfen und hacken. Mascarpone, Kräuter und etwas Salz und Pfeffer rasch unter die Gorgonzolabutter rühren und den Topf vom Herd nehmen.

4 Den Spargel in einem großen Topf in kochendem Salzwasser etwa 12 Minuten bissfest garen, abtropfen lassen und auf vorgewärmte Teller verteilen oder auf einer Servierplatte anrichten. Die Gorgonzolasauce darüber geben und den Spargel nach Belieben mit frisch geriebenem Parmesan servieren.

CECI CON BIETE

Kichererbsen mit Mangold

ZUTATEN FÜR 6 BIS 8 PERSONEN

175 g getrocknete Kichererbsen
1 große Knoblauchzehe
6 EL Olivenöl (extra vergine)
900 g Mangold, Salz
1 rote Zwiebel
2 Möhren
schwarzer Pfeffer aus der Mühle
2 zerriebene, getrocknete Peperoncini
250 ml Weißwein
1 TL Tomatenmark
3 Petersilienstiele
2 EL Zitronensaft

1 Die Kichererbsen über Nacht in kaltem Wasser einweichen. Dann in ein Sieb abgießen, abtropfen lassen und in einen Topf mit frischem Wasser bedecken. Den Knoblauch schälen, mit 1 Esslöffel Olivenöl zu den Kichererbsen geben. Einmal aufkochen und 45 Minuten köcheln lassen, bis die Kichererbsen gar sind. Mit der Garflüssigkeit beiseite stellen.

2 Mangold putzen und waschen, die harten Stiele abschneiden. Die Mangoldblätter in kochendem Salzwasser blanchieren, gut abtropfen lassen und hacken. Die Zwiebel schälen und grob hacken. Die Möhren putzen, schälen und in Stücke schneiden.

3 Das restliche Olivenöl in einem Topf erhitzen, Zwiebeln und Möhren etwa 15 Minuten darin dünsten, bis die Möhren gar sind. Mit Pfeffer, Salz und Peperoncino würzen. Den Weißwein dazugießen und köcheln lassen, bis er fast vollständig verdampft ist. Das Tomatenmark hinzufügen und unterrühren.

4 Mangold und Kichererbsen dazugeben, nochmals mit Salz und Pfeffer abschmecken und etwa 10 Minuten garen. Die Petersilie waschen und trockenschütteln, die Blätter von den Stielen zupfen und zwei Drittel davon hacken. Die gehackte Petersilie mit dem Zitronensaft hinzufügen. Das Mangold-Kichererbsen-Gemüse mit den restlichen Petersilienblättern bestreuen. Nach Belieben mit Olivenöl beträufeln und mit Zitronenscheiben garnieren. Sofort servieren.

CAVOLFIORE CON LE ACCIUGHE

Blumenkohl mit Sardellen

Zutaten für 4 Personen

1 Blumenkohl (etwa 750 g)
Salz
4 Sardellenfilets (in Salz)
120 g Mozzarella
1 Peperoncino
2 hart gekochte Eier
2 Knoblauchzehen
4 EL Olivenöl (extra vergine)
schwarzer Pfeffer aus der Mühle
8 kleine schwarze Oliven
3–4 EL Zitronensaft

1 Den Blumenkohl putzen, in Röschen zerteilen und waschen. Die Röschen in kochendem Salzwasser knapp 7 Minuten blanchieren. Abschrecken und abtropfen lassen.

2 Die Sardellen abspülen, trockentupfen und klein schneiden. Mozzarella abtropfen lassen und in kleine Würfel schneiden. Den Peperoncino der Länge nach halbieren, entkernen, waschen und in sehr feine Würfel schneiden. Die Eier pellen und hacken. Den Knoblauch schälen und in feine Scheiben schneiden.

3 Das Olivenöl erhitzen und die Knoblauchscheiben darin bei mittlerer Hitze glasig dünsten. Die Blumenkohlröschen auf einer Platte anrichten, salzen und pfeffern. Oliven, Sardellen, Mozzarella, Peperoncino und Eier darüber streuen und alles mit dem Knoblauchöl übergießen. Mit Zitronensaft beträufeln und lauwarm servieren.

SCORZONERA FRITTA

Gebackene Schwarzwurzeln

Zutaten für 4 Personen

800 g Schwarzwurzeln
Saft von ½ Zitrone
Salz
2 Eigelb
1 EL Weißwein
1 EL Mehl
2 Eiweiß
Öl zum Frittieren

1 Die Schwarzwurzeln schälen, waschen, abtropfen lassen und in 15 cm lange Stücke schneiden. Sofort in Zitronenwasser legen, damit sie sich nicht dunkel verfärben.

2 Die Schwarzwurzeln in reichlich Salzwasser etwa 10 Minuten vorkochen und gut abtropfen lassen. Das Eigelb mit dem Weißwein und 1 Esslöffel Wasser verrühren. Das Mehl darunter rühren und den Teig mit Salz würzen. Das Eiweiß steif schlagen und kurz vor dem Backen unter den Teig ziehen.

3 Zum Frittieren Öl in einer großen Pfanne oder einem Topf erhitzen. Es ist heiß genug, wenn an einem hölzernen Kochlöffelstiel, den man ins Öl taucht, kleine Bläschen aufsteigen. Die Schwarzwurzeln durch den Teig ziehen und im heißen Öl goldgelb frittieren. Auf Küchenpapier abtropfen lassen.

Küchentipp: Die frittierten Schwarzwurzeln passen ideal als Beilage zu gegrilltem Fleisch.

PISELLI ALLA FIORENTINA

Erbsen nach Florentiner Art

ZUTATEN FÜR 4 PERSONEN

1 1/2 kg Erbsen (in der Schote) oder
600 g tiefgekühlte Erbsen
1 Knoblauchzehe
50 g Pancetta
3 EL Olivenöl (extra vergine)
1 EL frisch gehackte Petersilie
Salz
125 ml Fleischbrühe
1 TL Zucker

1 Die Erbsen aus den Schoten palen und gut waschen, tiefgekühlte Erbsen antauen lassen. Den Knoblauch schälen und fein hacken. Pancetta in kleine Würfel schneiden.

2 Das Olivenöl erhitzen, Knoblauch und Pancetta darin andünsten. Die Erbsen und die gehackte Petersilie hinzufügen. Die Erbsen salzen und bei mittlerer Hitze 20 bis 30 Minuten gar dünsten.

3 Etwas Fleischbrühe hinzufügen und die Erbsen zum Schluss mit dem Zucker bestreuen. Die Erbsen mit Weißbrot oder als Beilage zu gebratenem Fleisch servieren.

COTOLETTE DI SEDANO

Panierte Sellerieschnitzel

ZUTATEN FÜR 4 PERSONEN

2 kleine Sellerieknollen
Salz, 1–2 Eier
100 g Paniermehl
100 g Butter
1 unbehandelte Zitrone

1 Die Sellerieknollen waschen, schälen und im Ganzen in reichlich Salzwasser etwa 15 Minuten kochen. Den Sellerie leicht abkühlen lassen und in etwa 5 mm dicke Scheiben schneiden.

2 Die Eier verquirlen. Die Selleriescheiben nacheinander in den der Eimischung und im Paniermehl wenden.

3 Die Butter in einer Pfanne zerlassen und die Selleriescheiben darin bei mittlerer Hitze auf beiden Seiten goldbraun braten. Die Zitrone heiß abwaschen, trockenreiben und in Spalten schneiden. Die Sellerieschnitzel mit den Zitronenspalten servieren.

Radicchio ai ferri

Gegrillter Radicchio

Zutaten für 4 Personen

500 g Radicchio
4–5 EL Olivenöl (extra vergine)
Salz
schwarzer Pfeffer aus der Mühle

1 Den Radicchio von den äußeren welken Blättern befreien und der Länge nach halbieren. Die Strünke herausschneiden – sie enthalten die meisten Bitterstoffe – und die Radicchiohälften nach Belieben nochmals halbieren. Den Backofengrill vorheizen.

2 Den Radicchio mit den Schnittflächen nach unten auf ein geöltes Backblech legen. Das restliche Olivenöl mit Salz und Pfeffer mischen und den Radicchio damit bepinseln.

3 Das Blech unter den heißen Grill schieben und den Radicchio etwa 10 Minuten grillen. Dabei zweimal wenden und wieder mit der Olivenölmischung bepinseln. Heiß als Beilage zu Fleisch oder kalt als Vorspeise servieren.

Küchentipp: Für dieses Rezept eignet sich besonders gut der längliche Radicchio di Treviso mit seinen zarten Blättern.

Zucchini al burro

Zucchini in Butter

Zutaten für 4 Personen

1 kg kleine Zucchini
125 g Butter
Salz
schwarzer Pfeffer aus der Mühle
1 EL Zitronensaft
2 EL frisch gehackte Petersilie

1 Die Zucchini putzen, waschen und in 5 bis 10 mm dicke Scheiben schneiden.

2 Die Zucchinischeiben mit der Butter in einen breiten Topf geben, salzen und pfeffern. Etwa 75 ml Wasser darüber gießen, erhitzen und zugedeckt bei kleiner Hitze etwa 30 Minuten garen, bis die Zucchini bissfest sind.

3 Die Zucchinischeiben auf einer Servierplatte anrichten, mit dem Zitronensaft beträufeln und den Schmorsud darüber gießen. Mit Petersilie bestreuen und servieren.

VERZE SOFFOCATE

Gedünsteter Wirsing

ZUTATEN FÜR 4 PERSONEN

1 großer Kopf Wirsing (etwa 1 kg)
6 Scheiben Pancetta
2 EL Olivenöl (extra vergine)
3 EL Butter
Salz
2–3 EL Fleischbrühe
100 ml trockener Weißwein
schwarzer Pfeffer aus der Mühle

1 Die äußeren Blätter des Wirsings entfernen. Die großen Blätter abtrennen, die dicken Rippen herausschneiden, das Herz ganz lassen. Den Wirsing waschen, abtropfen lassen und in 1 cm breite Streifen schneiden. Pancetta ebenfalls in Streifen schneiden.

2 In einem Topf das Olivenöl und die Butter leicht erhitzen und die Pancettascheiben darin anbraten. Den Wirsing hinzufügen, umrühren, salzen und zugedeckt bei kleiner Hitze 30 Minuten dünsten. Falls das Gemüse zu trocken wird, etwas Fleischbrühe dazugeben.

3 Nach 15 bis 20 Minuten den Weißwein dazugießen. Den Wirsing nochmals nach Bedarf salzen und pfeffern und 30 Minuten schmoren lassen.

KÜCHENTIPP: Sie können noch gehackten Knoblauch und Rosmarin zum Speck geben und mitdünsten.

PATATE AL ROSMARINO

Rosmarinkartoffeln

ZUTATEN FÜR 4 PERSONEN

700 g kleine, fest kochende Kartoffeln
Salz
3 EL Olivenöl (extra vergine)
1 EL Rosmarinnadeln
2 Knoblauchzehen
1 EL Meersalz
schwarzer Pfeffer aus der Mühle

1 Die Kartoffeln waschen und mit Salzwasser zum Kochen bringen. 20 bis 25 Minuten kochen, in ein Sieb abgießen, etwas abkühlen lassen und größere Exemplare halbieren.

2 Das Olivenöl in einer Pfanne erhitzen, die Kartoffeln mit der Schale darin bei mittlerer Hitze rundherum leicht anbräunen. Die Rosmarinnadeln zu den Kartoffeln geben und kurz anrösten. Den Knoblauch schälen, fein hacken und dazugeben. Die Rosmarinkartoffeln kurz schwenken und mit Salz und Pfeffer würzen.

KÜCHENTIPP: Die Rosmarinkartoffeln können auf vielfältige Weise zubereitet werden. Beinahe wie Pommes frites werden sie, wenn man sie roh schält und in Würfel oder breite Schnitze schneidet. Dazu muss reichlich Olivenöl erhitzt werden, in das man am besten gleich den Rosmarinzweig und die ungeschälte Knoblauchzehe im Ganzen dazugibt. Die Kartoffelstücke dann in dem heißen Öl goldbraun frittieren, auf Küchenpapier abtropfen lassen und leicht gesalzen servieren.

Rosmarin ist neben Petersilie und Basilikum Italiens beliebtestes Küchenkraut. Er kommt stets frisch an Brat- oder Ofenkartoffeln, Huhn und Kaninchen. Auf Platz vier rangiert Salbei. Er ist unverzichtbar zur Aromatisierung von Wildgeflügel, von Leber oder Kalbfleisch. Gnocchi mit in Butter gebratenen Salbeiblättern sind ein Klassiker. Der Duft von Majoran wird in Italien mit den Speisen der ligurischen Küste assoziiert, mit Salat von Meeresfrüchten, kräftigen Pasteten und Pasta-Saucen. Majoran schmeckt nur frisch, im Gegensatz zu seinem Verwandten, dem intensiveren Oregano, dem Duftspender für Pizza, Auberginen oder Fisch.

Dolci

MATTI PER GELATI

Verrückt nach Eis, dem besten Essen auf Rädern

Von der Hand in den Mund – so isst der Mensch halt immer noch am liebsten. Was Wunder also, dass mit der Pizza auch gleich das köstliche *gelato* von Italien aus alle Länder und Kontinente erobert hat? *Gelati* sind unersetzlich, unentbehrlich: als unkomplizierter süßer Imbiss für jede Tages- und Nachtzeit, als Kühlfaktor Nummer eins bei drückender Hitze, als eigenständiges Dessert und wandlungsfähige Zutat für andere Süßspeisen.

»Gelato« war früher immer auf Achse. Wo Stadtverordnungen keine fahrenden »gelatai« duldeten, eröffneten sie die ersten Eisdielen.

Eis ist das mobilste Essen, das Italien zu bieten hat. Strandverkäufer schleppen es in schweren Kühltaschen über den heißen Sand, Straßenhändler knattern mit pittoresken Eiswägelchen durch die Gassen und auf die Piazzas, damit keiner in der Glut des Sommers zu darben braucht, damit alle jederzeit und überall nach Herzenslust die kühle Köstlichkeit mit dem unnachahmlichen Schmelz schlecken können. *Gelato* – wörtlich: Gefrorenes – war immer auf Achse, zumindest soweit sich die Geschichte der Migration von Speisen und Lebensmitteln zurückverfolgen lässt. Nach den Quellen haben die Araber das Speiseeis erfunden und nach Europa exportiert. Sizilien, eines ihrer damaligen Territorien, hat sich die neue Delikatesse erst einmal nachhaltig einverleibt. Später wurde hier, auch unter den wechselnden Herrschaften, mit neuen Sorbet- und Eissorten experimentiert und irgendwann noch die *granita* erfunden, die erfrischendste aller Kombinationen von Eis und Getränk: eine Mischung aus grießkornfeinen Wassereiskristallen mit Fruchtsäften, Kaffee oder Kräuteressenzen. Die Kioske der *acquafrescai*, der traditionsreichen Straßenhändler mit *granita* und eisgekühlten Erfrischungsgetränken, beleben bis heute das Straßenszenario von Catania.

Nach den Sizilianern haben die Toskaner die Wonnen des Eisessens entdeckt, für die Hochzeit von Caterina de Medici wurde ein eigener *dolce gelato* kreiert. Wann die »Gelateria Italia« mit ihrem mehr als nur dicht gesponnenen Netz an Eisdielen und Eiskiosken entstanden ist, lässt sich nicht im Detail ergründen. Fest steht, dass die italienischen Emigranten ihr *gelato* in aller Herren Länder mitgenommen und dort verbreitet haben. Die »Gelateria Germania« übrigens ist von der norditalienischen Provinz Belluno aus gegründet worden. Als im abgeschiedenen Dolomitental Val di Zoldo durch die fortschreitende Industrialisierung die traditionsreiche Eisenerzverarbeitung zusammenbrach, wanderten die arbeitslosen Männer in österreichische oder deutsche Städte aus und schufen sich mit Eisdielen eine neue Existenz.

Ebenfalls im äußersten Norden, im Trentiner Städtchen Male, ist die erste *gelateria* Italiens entstanden, die auf alle Fertigzutaten, Farbstoffe und künstlichen Aromen verzichtet und Eis ausschließlich aus frischen, tunlichst aus einheimischen Produkten gewinnt. Arminio Largaiolli, der Besitzer der »Gelateria Roby«, ist ein besessener Tüftler, ein unerbittlicher Purist. »Die *gelaterie* von heute sollten sich lieber *tintorie* nennen, nichts als Färbereien sind sie mit all der Chemie«, schimpft er. Seit zwanzig Jahren experimentiert Signor Arminio mit den unvorstellbarsten Zutaten, mit Wein, Schnaps und Bier, aber auch mit Buchweizen, Kräutern, selbst gesammelten Wild- und Waldfrüchten oder Beeren, sogar mit Gemüsen wie Sellerie oder Möhren. In der »Gelateria Roby« sind natürlich auch reichlich traditionelle Sorten zu haben, Schoko, Nuss, Zitrone. Der feine Unterschied: Sie sind vergleichsweise blass. Denn Eis aus echten Äpfeln, ohne Farbstoffe, wird weiß und nicht grün. »Ich suche immer das Maximum«, beschreibt der leidenschaftliche Eismacher (und Eisesser) aus dem Trentino seine Philosophie. Bislang hat nur eine einzige Frucht seinen Versuchen und Künsten getrotzt: die Tomate.

DOLCI COME IL MIELE

Honigsüß schmeckt das Finale

Im Land, wo außer den Zitronen auch alle anderen Früchte des Südens üppig blühen und gedeihen, ist die tägliche Nachspeise auf dem Familientisch die einfachste Sache der Welt: eine Schale mit frischem Obst, daneben eine Schale mit frischem Wasser, um Aprikosen und Kirschen, Äpfel, Birnen, Pfirsiche oder Feigen zu waschen. Süße Sachen kauft man in Italien gern beim Bäcker oder in der Konditorei. Und das fällt auf, landauf, landab: Die überbordenden Theken der *pasticcerie* sind noch in den entlegensten Dörfern ein echter Augenschmaus. Da gibt es knusprige, krümelige und mit Schokolade, Pudding oder *crema* gefüllte Kekse und Plätzchen, frittierte oder gebackene Teilchen und Krapfen, harte und weiche Kuchen, flache und mehrstöckige Torten mit oder ohne Mandeln und Nüsse, mal mit frischen, mal mit kandierten Früchten garniert, mal mit Teigstreuseln, mal mit Kuvertüre überzogen oder in Marzipanmäntel gehüllt.

Es gibt *dolci* für jede Jahreszeit, für Herbst und Winter beispielsweise die ganze Palette der Kastaniendesserts. Es gibt *dolci* für den Lokalpatriotismus wie die butterzarten *margheritine*-Kekse aus Stresa am Lago Maggiore, die *torta sbriciolona* aus Ferrara oder den *panforte* aus Siena. Und natürlich gibt es *dolci* für jedes Fest, gleichgültig ob es sich um einen familiären, gesellschaftlichen oder kirchlichen Feiertag handelt: mandelsüße *confetti* für die Hochzeitsgäste, zu Weihnachten *panettone* aus dem Norden, Bologneser Reiskuchen zu Ostern, sizilianische *sfince di San Giuseppe* zum Fest des heiligen Joseph – Brauchtums- oder Festspezialitäten wie diese existieren ohne Zahl.

Selbstverständlich gibt es auch Desserts, die ganzjährig und landesweit geschätzt werden. Den Alltag versüßt man sich gern einmal mit einem Glas süßem Dessertwein oder Likör, in das harte, saugfähige Plätzchen getunkt werden, die mal als *cantuccini*, mal als *brutti ma buoni* daherkommen. Geschichtete Süßspeisen wie *tiramisù*, *zuppa inglese* oder *cassata* hat beinahe jeder Haushalt im Repertoire. Und wer Kinder hat oder Gäste, macht von alters her Krokant mit Nüssen oder Mandeln, ein unwiderstehliches Dessert, das sich in Windeseile zubereiten lässt und sich seiner Haltbarkeit wegen bestens eignet als Vorrat für unverbesserliche Naschkatzen.

PERE AL FORNO CON MARSALA

Birnen mit Marsala und Zimt

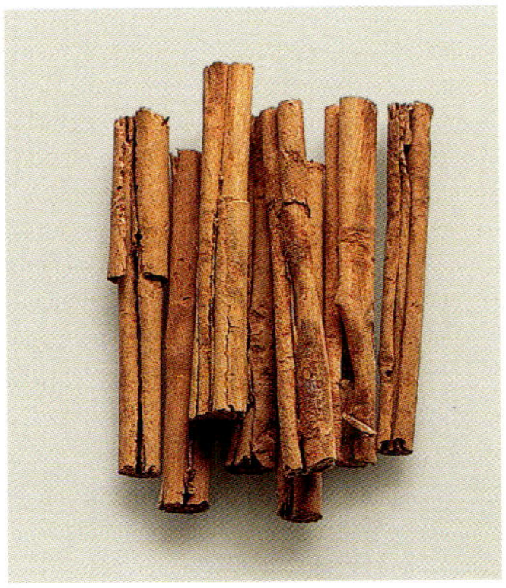

Zimt

Der verführerisch duftende Zimt gehört zu den ältesten Gewürzen der Welt – schon im Altertum wurde mit ihm Handel getrieben. Zimt ist die Rinde der dünnen Zweige des Zimtbaums, die von Hand abgelöst wird und sich beim Trocknen aufrollt.

Zutaten für 4 bis 6 Personen

6 reife Birnen
etwa 50 g weiche Butter
100 g brauner Zucker
175 ml Marsala
50 ml Weißwein
2 Zimtstangen

1 Den Backofen auf 180 °C vorheizen. Die Birnen waschen. Den Blütenansatz gerade abschneiden, sodass die Birnen aufrecht stehen bleiben. Das Kerngehäuse mit einem Kugelausstecher von unten entfernen. Den Stiel an der Frucht lassen.

2 Die Birnen mit etwas weicher Butter bepinseln und in eine ofenfeste Form setzen. Mit dem Zucker bestreuen.

3 Marsala und Weißwein in die Form dazugießen. Die Zimtstangen in Stücke brechen und um die Birnen herum verteilen. Die Form locker mit Alufolie abdecken.

4 Die Birnen im Ofen etwa 30 Minuten dünsten. Die Alufolie entfernen, die Temperatur auf 150 °C herunterschalten und die Birnen weitere 30 Minuten dünsten, bis sie sehr zart sind und eine leicht runzlige Schale haben. Noch warm im eigenen Saft servieren.

Küchentipp: Zu den Marsala-Birnen passt ein Klecks Schlagsahne oder Crème fraîche als krönender Abschluss.

FICHI AL FORNO

Gebackene Feigen

ZUTATEN FÜR 4 PERSONEN

12 große, reife grüne Feigen
300 g feiner Zucker
1 unbehandelte Zitrone

1 Den Backofen auf 250 °C vorheizen. Die Feigen waschen, trockentupfen und der Länge nach halbieren. Die Feigenhälften dicht nebeneinander auf ein Backblech legen und gleichmäßig mit dem Zucker bestreuen.

2 Die Zitrone heiß abwaschen und trockenreiben, die Schale dünn abschälen. Eine Hälfte der Schale in dünne Streifen schneiden, die andere Hälfte fein hacken. Die Zitrone halbieren und beide Hälften auspressen. Zitronensaft und Zitronenstreifen über die Feigen geben.

3 Die Feigen im Ofen 20 Minuten backen, bis der Zucker schäumt. Jede Feige mit etwas karamellisiertem Zucker beträufeln und die fein gehackte Zitronenschale darüber streuen.

4 Die Feigen weitere 5 Minuten im Ofen garen. Dann herausnehmen, auf einer Platte anrichten und die Flüssigkeit vom Backblech darüber gießen. Die Feigen abkühlen lassen und kalt stellen.

KÜCHENTIPP: Die Feigen nach Belieben jeweils mit 1 Esslöffel Mascarpone oder locker geschlagener Crème double servieren.

FEIGEN

Feigenbäume sind neben Olivenbäumen die charakteristischsten Kulturpflanzen im Mittelmeerraum. Es gibt etwa 700 verschiedene Feigensorten, rundliche oder birnenförmige Früchte mit grüner, gelblicher, schwarzblauer oder violetter Schale.

PESCHE RIPIENE

Gefüllte Pfirsiche

Zutaten für 4 Personen

4 feste, reife Pfirsiche
60 g Amaretti oder Löffelbiskuits
50 g gehackte Mandeln
1 TL Puderzucker
2 kandierte Orangenscheiben
100 ml Prosecco
Butter für die Form
ganze geschälte Mandeln und
Minzezweige zum Garnieren

1 Die Pfirsiche überbrühen, häuten, halbieren und entsteinen. Aus jeder Pfirsichhälfte etwas Fruchtfleisch herauslöffeln, sodass eine Mulde für die Füllung entsteht. Das ausgelöste Fruchtfleisch in eine Schüssel geben und mit einer Gabel zerdrücken.

2 Die Amaretti zerbröckeln und zu dem zerdrückten Pfirsichfruchtfleisch geben. Die gehackten Mandeln und den Puderzucker darunter mischen. Die kandierten Orangenscheiben in sehr feine Würfel schneiden und ebenfalls in die Masse geben. Das Ganze mit Prosecco beträufeln und kräftig verrühren. Die Masse sollte nicht zu flüssig sein.

3 Den Backofen auf 180 °C vorheizen. Die halbierten Pfirsiche mit der Amarettimasse füllen. Eine ofenfeste Form mit Butter einfetten. Die Pfirsichhälften hineinsetzen, jeweils mit 1 ganzen Mandel garnieren und den restlichen Prosecco dazugießen.

4 Die gefüllten Pfirsiche im Ofen 15 bis 20 Minuten überbacken. Als Hälften oder wieder zusammengesetzt mit Minzezweigen garniert servieren. Die Früchte schmecken heiß oder kalt und können nach Belieben auch mit Puderzucker bestäubt werden.

Küchentipp: Statt mit Prosecco kann die Füllung auch mit Amaretto (Mandellikör) zubereitet werden, dann wird das Mandelaroma der Amaretti noch verstärkt.

CREMA DI MASCARPONE

Mascarponecreme

Zutaten für 4 Personen

400 g Mascarpone
100 g Zucker
2 EL Cognac oder
trockener Marsala

1 Mascarpone und Zucker in eine Schüssel geben und mit einem Schneebesen kräftig verrühren. Die Creme mit Cognac oder Marsala aromatisieren.

2 Die Mascarponecreme in Portionsschälchen füllen und nach Belieben (z. B. mit frischen Beeren oder Gebäck) garnieren.

Küchentipp: Sie können die Mascarponecreme auch mit Vanillezucker, abgeriebener Orangenschale und frisch gepresstem Orangensaft sowie mit geschlagener Sahne zubereiten.

FRAGOLE ALLA VESUVIANA

Erdbeeren in Rotwein

Zutaten für 4 Personen

400 g Erdbeeren
Saft von ½ Zitrone
3 EL Zucker
250 ml kräftiger Rotwein

1 Die Erdbeeren waschen, die Stielansätze abschneiden und die Erdbeeren abtropfen lassen. Je nach Größe halbieren, vierteln oder im Ganzen belassen.

2 Die Früchte in einer Schale mit dem Zitronensaft beträufeln, mit dem Zucker bestreuen und den Wein darüber gießen. Mindestens 30 Minuten kalt stellen, vor dem Servieren wieder Zimmertemperatur annehmen lassen.

Küchentipp: Man kann die Erdbeeren statt mit Rotwein auch mit Weißwein marinieren und hauchdünne Zitronenscheiben untermischen. Mit Walderdbeeren zubereitet schmeckt dieses Dessert besonders aromatisch.

SGROPPINO

Zitroneneis mit Erdbeerpüree

ZUTATEN FÜR 4 PERSONEN

Für das Zitroneneis:
4 unbehandelte Zitronen
250 g Zucker
150 g Sahne
Für das Erdbeerpüree:
300 g sehr reife Erdbeeren
Außerdem:
300 ml Perlwein (z. B. italienischer Prosecco oder deutscher Sekt)

1 Für das Zitroneneis die Zitronen heiß abwaschen, trockenreiben und mit einem Sparschäler hauchdünn schälen. Die Zitronen halbieren und auspressen.

2 Den Zucker, die Zitronenschalen, 350 ml Wasser und 150 ml Zitronensaft in einen kleinen Topf geben und zum Kochen bringen. Nach 2 Minuten den Topf vom Herd nehmen und die Zitronenschalen entfernen. Den Sirup in eine Schüssel gießen und völlig abkühlen lassen.

3 Die Sahne gleichmäßig mit dem kalten Zitronensirup verrühren. Die Mischung in eine Eismaschine füllen und nach Bedienungsanleitung mindestens 2 Stunden gefrieren lassen. Die fertige Eiscreme im Tiefkühlfach in einem gut schließenden Behälter bis zur Verwendung aufbewahren.

4 Für das Erdbeerpüree die Erdbeeren putzen, waschen und gut abtropfen lassen. Die Früchte im Mixer pürieren, es sollte etwa 500 ml Erdbeerpüree entstehen. Das Püree mindestens 2 Stunden in den Kühlschrank stellen.

5 Das Zitroneneis in eine Schüssel geben und mit einem Löffel zerkleinern. Die Hälfte des Erdbeerpürees hinzufügen und mit einem Schneebesen unter das Zitroneneis rühren. Die Hälfte des Perlweins dazugeben und kurz unterschlagen.

6 Das restliche Erdbeerpüree und den übrigen Perlwein dazumischen und nicht zu lange schlagen, bis eine weiche, schaumige Mischung entstanden ist. Den Sgroppino nach Belieben in ausgehöhlte Zitronen, Portionsschalen oder weite Stielgläser füllen und sofort servieren.

Sgroppino ist eine Erfindung aus Venetien, er wird dort traditionell aus dem einheimischen Prosecco gemacht. Leider werden heute auch billige Schaumweine als Prosecco verkauft. Das Original ist ein DOC-Produkt, das nur in den kontrollierten Anbaugebieten von Conegliano und Valdobbiadene gekeltert wird, einem Hügelgebiet mit sanften, aber auch steilen und sonnigen Lagen. Dort reift die Spitzenqualität der Prosecco-Reben, die den Namen »Cartizze« trägt und nach der Champagnermethode gekeltert wird. Lieber als den Schaumwein genießen die Einheimischen übrigens den »Prosecco tranquillo«, einen »stillen«, unaufdringlichen Weißwein.

GRANITA DI CAFFÈ

Kaffee-Granita mit Schlagsahne

ZUTATEN FÜR 4 PERSONEN

100 g Zucker
etwa 60 ml Espresso
2 EL Rum
100 g Sahne

1 Den Zucker mit 500 ml Wasser unter Rühren erhitzen, bis er sich ganz aufgelöst hat, und in einer Schüssel abkühlen lassen. Den Espresso zubereiten und mit dem Rum unter das Zuckerwasser mischen.

2 Die Kaffeemischung in flache Plastikschalen gießen und im Tiefkühlfach fest werden lassen. In Abständen von 30 Minuten die Granita von den Rändern der Schalen zur Mitte hin mit einem Schaber umrühren.

3 Zum Servieren die Sahne steif schlagen. Die Kaffee-Granita nochmals durchrühren, in Gläser verteilen und mit etwas Schlagsahne garniert servieren.

GRANITA DI MENTA

Pfefferminz-Granita

ZUTATEN FÜR 4 PERSONEN

80 g Zucker
4 EL Chartreuse oder Ramazotti (Kräuterlikör)
160 ml Pfefferminzsirup

1 Den Zucker mit 500 ml Wasser unter Rühren erhitzen, bis er sich ganz aufgelöst hat, und in einer Schüssel abkühlen lassen. Den Likör und den Pfefferminzsirup dazugeben und gut durchmischen.

2 Die Mischung in flache Plastikschalen gießen und im Tiefkühlfach fest werden lassen. In Abständen von 30 Minuten die Granita von den Rändern der Schalen zur Mitte hin mit einem Schaber umrühren.

3 Die Pfefferminz-Granita nochmals durchrühren, in Gläser verteilen und nach Belieben mit Minzeblättchen garniert servieren.

GELATO DI CREME

Eiercreme-Eis

ZUTATEN FÜR 4 PERSONEN

6 Eigelb
170 g Zucker
500 ml Milch
Schalenstücke von ½ unbehandelten Orange
1 EL Orangenlikör (z. B. Grand Marnier)

1 Das Eigelb und den Zucker in eine Schüssel geben und mit dem Handrührgerät schlagen, bis die Mischung schaumig gelb ist und der Schneebesen sichtbare Spuren hinterlässt.

2 Die Milch mit den Orangenschalen in einen Topf geben und bei mittlerer Hitze erwärmen, bis sie leise köchelt. Darauf achten, dass sie nicht zum Kochen kommt.

3 Die heiße Milch langsam durch ein feines Sieb in die Eigelbmischung gießen. Immer nur eine kleine Menge hinzufügen und unterschlagen. Den Likör dazugeben und gut umrühren.

4 Die Mischung in einen Topf geben und bei mittlerer Hitze etwa 2 Minuten lang mit einem Schneebesen schlagen, ohne dass sie kocht. Vom Herd nehmen und vollständig abkühlen lassen.

5 Die Mischung in eine Metallschüssel füllen und 3 bis 4 Stunden im Tiefkühlfach gefrieren lassen, dabei immer wieder durchrühren. Das Eis portionsweise in Gläsern oder Dessertschalen anrichten und sofort servieren.

KÜCHENTIPP: Man kann die Orangenschale auch ganz fein abreiben und direkt unter die Eigelbmasse mischen.

ZUCCOTTO

Zuccotto mit Eis

ZUTATEN FÜR 10 BIS 12 PERSONEN

Für den Biskuit:
5 Eier, 100 g Zucker, 120 g Mehl
Für die Füllung:
100 g Haselnüsse, 100 g geschälte Mandeln
160 g Zucker, Öl für die Arbeitsfläche
200 g Zartbitterschokolade
50 Meringen (Baisers), 800 g Sahne
Außerdem:
5 EL Cognac, 4 EL Amaretto, 3 EL Kakaopulver

1 Den Backofen auf 180 °C vorheizen. Ein Backblech mit Backpapier auslegen. Für den Biskuit die Eier trennen. Eiweiß steif schlagen, den Zucker 10 Sekunden unterschlagen. Eigelb und gesiebtes Mehl vorsichtig unterziehen. Die Eiermasse auf das Blech streichen und im Ofen 12 bis 14 Minuten backen. Vom Blech nehmen und abkühlen lassen.

2 Die Nüsse auf das Backblech streuen und im Ofen bei 200 °C rösten. Abgekühlt mit dem Messer oder Blitzhacker grob hacken. Mandeln mit einem Messer oder im Blitzhacker grob zerkleinern.

3 In einer Pfanne 80 g Zucker bei kleiner Hitze zu Karamell schmelzen. Die Mandeln in den Karamell geben und unter ständigem Rühren bräunen, bis sie vom Karamell überzogen sind. Auf einer geölten Arbeitsfläche noch heiß mit einem geölten Nudelholz ausrollen. Den erkalteten Karamell von der Arbeitsfläche lösen und in Stücke brechen. Mit dem Nudelholz in kleine Stücke zerteilen.

4 Eine Schüssel mit Frischhaltefolie auslegen. Den kalten Biskuit umdrehen, das Backpapier abziehen und den Biskuit in Streifen oder Dreiecke schneiden. Die Schüssel damit völlig auskleiden, den Rest beiseite legen. Cognac und Amaretto mischen, drei Viertel davon auf den Biskuit träufeln. Die Hälfte der Schokolade fein hacken, die andere Hälfte im Wasserbad schmelzen. Meringen grob zerkleinern.

5 Die Sahne steif schlagen, den restlichen Zucker unterrühren. 3 gehäufte Esslöffel Schlagsahne beiseite stellen, die restliche Sahne mit den Haselnüssen, den Meringen, der gehackten Schokolade und Krokant mischen. In die mit Biskuit ausgelegte Schüssel füllen. In die Mitte eine Mulde für die Schokosahne drücken.

6 Die 3 Esslöffel Schlagsahne mit der geschmolzenen Schokolade verquirlen, in die Mulde füllen und glatt streichen. Mit Biskuitresten belegen und mit dem restlichen Alkohol beträufeln. 12 Stunden kühl stellen, stürzen und mit Kakaopulver bestäuben.

Baisers oder Meringen kann man ganz einfach selbst machen: Ein Backblech mit Backpapier auslegen und den Backofen auf 150 °C vorheizen. 4 Eiweiß mit 1 Prise Salz in einer Rührschüssel langsam steif schlagen, nach und nach 200 g feinen Zucker und 1 Esslöffel Vanillezucker einrieseln lassen. Die Baisermasse in einen Spritzbeutel mit Sterntülle füllen und direkt auf das Backpapier spritzen. Das Blech in den Ofen schieben, die Temperatur auf 80 °C zurückschalten. Die Baisers 4 Stunden eher trocknen als backen, dabei die Ofentür einen Spalt breit geöffnet lassen. Abkühlen lassen und vorsichtig vom Papier lösen.

PANNA COTTA

Gestürztes Sahnedessert

ZUTATEN FÜR 4 PERSONEN

1 Vanilleschote
500 g Sahne, 40 g Zucker
3 Blatt weiße Gelatine
400 g Erdbeeren
2 EL Vin Santo oder Marsala

1 Die Vanilleschote der Länge nach aufschlitzen und das Mark mit einem kleinen Messer herauskratzen. Die Vanilleschote und das Mark mit der Sahne und dem Zucker in einem Topf zum Kochen bringen und etwa 10 Minuten köcheln lassen. Inzwischen die Gelatine in kaltem Wasser einweichen.

2 Die Vanilleschote entfernen. Die Gelatine ausdrücken und unter Rühren in der heißen Sahne auflösen. Die Vanillesahne in Förmchen füllen und 6 Stunden im Kühlschrank fest werden lassen.

3 Die Erdbeeren putzen, waschen und klein schneiden. Mit Vin Santo oder Marsala und eventuell mit etwas Zucker mischen. Die Panna cotta auf Teller stürzen und mit den Erdbeeren servieren. Nach Belieben mit Minzeblättchen garnieren.

ZABAIONE

Weinschaumcreme

ZUTATEN FÜR 4 PERSONEN

4 Eigelb, 40 g Zucker
100 ml trockener Weißwein oder Marsala
Saft und abgeriebene Schale von
1/2 unbehandelten Zitrone
Zimtpulver

1 Das Eigelb mit dem Zucker in einer Schüssel mit einem Schneebesen sehr schaumig schlagen. Den Weißwein oder den Marsala, die Zitronenschale und 1 Prise Zimtpulver dazugeben.

2 Die Creme im warmen Wasserbad mit dem Handrührgerät so lange schlagen, bis sie dickflüssig wird. Die Zabaione mit Zitronensaft abschmecken und nach Belieben mit Zimtpulver bestäubt servieren.

MONTE BIANCO

Kastaniencreme mit Sahne

ZUTATEN FÜR 4 PERSONEN

500 g frische Maronen (Esskastanien)
etwa 100 ml Milch
1 Päckchen Vanillezucker
50 g Puderzucker
1 EL Rum, 200 g Sahne

1 Die Maronen am spitzen Ende kreuzweise einschneiden. In einem Topf mit Wasser bedeckt etwa 40 Minuten kochen. Kalt abschrecken, schälen und häuten.

2 Die Maronen noch heiß durch die Kartoffelpresse drücken. Die Milch, den Vanillezucker, 40 g Puderzucker und den Rum unter die Maronenmasse mischen.

3 Das Maronenpüree abkühlen lassen, dann durch eine Spätzlepresse in dünnen Fäden auf die Teller pressen. Die Sahne mit dem übrigen Puderzucker fast steif schlagen und die Spitze der Maronenberge damit überziehen.

POLENTA BIANCA CON PRUGNE FRESCHE

Weiße Polenta mit Zwetschgen

ZUTATEN FÜR 4 PERSONEN

Salz, 135 g Zucker
300 g Weizengrieß oder weißer Maisgrieß
500 g Zwetschgen
1 EL Butter
2 EL Zimtpulver

1 In einem Topf 1,5 Liter Wasser mit 1 Prise Salz und 60 g Zucker zum Kochen bringen. Den Grieß unter Rühren langsam einstreuen. So lange rühren, bis sich die Polenta gut vom Topfrand löst – das dauert 40 bis 45 Minuten. Die warme Polenta in kalt ausgespülte Förmchen füllen und fest werden lassen.

2 Die Zwetschgen waschen, halbieren und entsteinen. In einen Topf geben und mit etwas kaltem Wasser bedecken. Die Butter, den restlichen Zucker und das Zimtpulver hinzufügen. Die Zwetschgen einmal aufkochen und bei kleiner Hitze 1 Stunde sanft köcheln lassen.

3 Die Polenta aus den Förmchen auf Servierteller stürzen und mit den warmen oder abgekühlten Zwetschgen servieren.

SEBADAS

Süße Ravioli

ZUTATEN FÜR 4 PERSONEN

300 g Mehl, Salz
2 Eier, 50 g weiche Butter
300 g junger Pecorino
1 unbehandelte Zitrone
1 unbehandelte Orange
Mehl für die Arbeitsfläche
Öl zum Frittieren
5 EL Honig (etwa 100 g)

1 Das Mehl auf ein Brett sieben, mit 1 Prise Salz, den Eiern und der weichen Butter zu einem glatten, festen Teig verarbeiten. Den Teig zu einer Kugel formen, in eine Schüssel legen und zugedeckt an einem kühlen Ort 30 Minuten ruhen lassen.

2 Für die Füllung den Pecorino grob reiben. Die Zitrone und die Orange heiß abwaschen, trockenreiben und die Schale fein abreiben. Den geriebenen Pecorino mit der Zitronen- und Orangenschale vermischen. Die Orange halbieren und auspressen.

3 Den Teig auf einer bemehlten Arbeitsfläche dünn ausrollen, mit einem Teigausstecher oder Glas Kreise von etwa 8 cm Durchmesser ausschneiden. Auf jeden Teigkreis etwas von der Füllung geben, den Teig einmal zusammenfalten und die Ränder gut zusammendrücken.

4 Zum Frittieren Öl in einem großen Topf erhitzen. Sobald das Fett heiß genug ist, die Ravioli portionsweise darin frittieren, bis sie eine goldgelbe Farbe angenommen haben. Mit einem Schaumlöffel herausheben und auf Küchenpapier abtropfen lassen. Die süßen Ravioli auf eine Servierplatte legen und warm halten.

5 Den Honig im Wasserbad erhitzen, den Orangensaft durch ein Sieb dazugießen und unterrühren. Die Sauce über die heißen Ravioli gießen. Nach Belieben mit Orangenschale garnieren und sofort servieren.

KÜCHENTIPP: Die süßen Ravioli, auch »seadas« oder »sevadas« genannt, werden traditionell mit dem vom Erdbeerbaum gewonnenen Honig serviert, der sich durch seinen leicht bitteren Geschmack auszeichnet.

Zu Dolci und Leckereien steuert Italiens Süden die meisten Hits bei: ob die herrlichen türkischen Honige »torrone« und »torroncino«, die köstlichen »gelati« und »sorbetti« oder die bunten, täuschend echt wirkenden Früchte aus Marzipanmasse. Die Vorliebe für Süßes hat in Sizilien Wurzeln in der arabischen Kultur. Die Araber haben auf der Insel beispielsweise Pistazien und Mandeln heimisch gemacht oder auch die Sorbets importiert. Italien ist sich einig, dass Süßes zu Süßem gehört: Die Vielzahl der italienischen Dessertweine ist unüberschaubar.

ZUPPA INGLESE

Biskuitdessert mit englischer Creme

Zutaten für 6 bis 8 Personen

4 Eier, 300 g Zucker
150 g Mehl, 7 Eigelb
750 ml Milch, 1 Vanilleschote
100 g Zartbitterschokolade
150 g kandierte Früchte
60 ml Amaretto, 200 g Ricotta
60 g Puderzucker, 7 Eiweiß

1 Den Backofen auf 180 °C vorheizen. Den Boden einer Springform von 24 cm Durchmesser mit Backpapier auslegen. Für den Biskuit 4 Eier trennen, das Eiweiß steif schlagen und 100 g Zucker darunter schlagen. Die 4 Eigelb und 90 g gesiebtes Mehl unterheben. Den Teig in die Springform füllen und 30 bis 35 Minuten backen. Abkühlen lassen und quer halbieren.

2 Für die Creme die 7 Eigelb mit 100 g Zucker verquirlen, beiseite stellen. Die Hälfte der Milch mit der halbierten, ausgekratzten Vanilleschote zum Kochen bringen. Die restliche Milch mit dem restlichen Mehl mischen und in die kochende Vanillemilch gießen. Unter Rühren aufkochen, den Topf vom Herd ziehen und die Eigelbmischung sofort unterrühren. Die Creme durch ein Sieb in eine Schüssel passieren. Abgedeckt völlig abkühlen lassen.

3 Schokolade und kandierte Früchte fein hacken, die Früchte mit etwas Amaretto beträufeln. Die kalte Vanillecreme mit dem Pürierstab glatt rühren. Ein Drittel der Creme mit der Schokolade mischen, den Rest mit Ricotta und Puderzucker mischen.

4 Die Hälfte der Ricottacreme in eine Schüssel geben und mit der Hälfte der Früchte bestreuen. Einen Biskuit darauf legen, mit etwas Amaretto tränken, die Schokocreme darauf verteilen und den zweiten Biskuit darauf legen. Mit dem restlichen Amaretto tränken und die restliche Creme und die Früchte darauf geben, mit Frischhaltefolie abgedeckt 6 Stunden kühl stellen.

5 Für die Garnitur das Eiweiß steif schlagen, den restlichen Zucker dazugeben und unterrühren. Den Eischnee auf die Creme geben und unter dem Backofengrill kurz bräunen.

CROSTATA DI LIMONE

Zitronentorte

ZUTATEN FÜR 8 BIS 10 PERSONEN

Für den Mürbeteig:
200 g Mehl, 60 g Zucker
100 g weiche Butter, 1 Eigelb
Salz, abgeriebene Schale von 1 unbehandelten Zitrone
Fett für die Form
etwa 400 g getrocknete Hülsenfrüchte
Für die Zitronencreme:
7–8 unbehandelte Zitronen, 200 g Zucker
5 Eier, 5 Eigelb
250 g weiche Butter

1 Den Backofen auf 200 °C vorheizen. Mehl, Zucker, Butter in Flöckchen, Eigelb, 1 Prise Salz und die Zitronenschale unterkneten. Die Hälfte des Teigs ausrollen und eine gefettete Springform von 26 cm Durchmesser damit auslegen. Mit einer Gabel mehrfach einstechen. Aus dem restlichen Teig einen etwa 3 cm hohen Rand formen. Den Teig mit Backpapier auslegen und die Hülsenfrüchte darauf geben. Den Boden im Ofen 20 bis 25 Minuten vorbacken. Hülsenfrüchte und Backpapier entfernen und den Boden weitere 10 Minuten goldbraun backen. Den Boden aus dem Ofen nehmen und die Temperatur auf 170 °C herunterschalten.

2 Für die Zitronencreme die Zitronen heiß abwaschen, trockenreiben und die Schale fein abreiben. Die Zitronen halbieren und auspressen. 300 ml Saft abmessen und mit Schale und Zucker in einem Topf aufkochen.

3 Eier und Eigelb mit einem Schneebesen kräftig verrühren. Den heißen Zitronensaft unter ständigem Rühren in die verquirlten Eier gießen. Die Masse zurück in den Topf geben. Die Hälfte der Butter kräftig unterrühren, bis die Füllung cremig wird. Die restliche Butter hinzufügen und unterrühren, bis die Masse dickflüssig ist. Die Eiermasse nicht kochen lassen.

4 Die Zitronencreme etwas abkühlen lassen und in den Mürbeteig füllen, die Form wieder in den Ofen stellen und die Zitronentorte 30 Minuten backen, bis die Oberfläche leicht gebräunt ist. Abkühlen lassen und aus der Springform lösen.

CANTUCCI

Mandelkekse

Zutaten für 4 Personen

3 Eier, 175 g Zucker
abgeriebene Schale und Saft von
½ unbehandelten Orange
450 g Mehl, 1 TL Backpulver
250 g ganze geschälte Mandeln
Fett für das Blech

1 Die Eier und den Zucker mit dem Handrührgerät sehr schaumig schlagen, bis sich der Zucker aufgelöst hat. Schale und Saft der unbehandelten Orange untermischen.

2 Den Backofen auf 175 °C vorheizen. Mehl und Backpulver mischen, kurz unter die Eier-Zucker-Mischung rühren und alles zu einem weichen Teig kneten. Die Mandeln untermischen.

3 Aus dem Teig 3 bis 4 Rollen von etwa 5 cm Durchmesser formen. Die Teigrollen auf ein gefettetes Backblech legen und im Ofen etwa 35 Minuten backen.

4 Die Rollen aus dem Ofen nehmen, kurz ruhen lassen und in etwa 1 cm breite Scheiben schneiden. Wieder auf das Backblech legen und noch einmal etwa 10 Minuten backen.

AMARETTI

Mandelmakronen

Zutaten für 4 Personen

3 Eiweiß
150 g Zucker
300 g geriebene geschälte Mandeln
½–1 Fläschchen Bittermandelaroma
Fett für das Blech
Puderzucker zum Bestäuben

1 Das Eiweiß mit dem Handrührgerät zu steifem Schnee schlagen. Dabei nach und nach den Zucker untermischen, bis er sich aufgelöst hat. Die Mandeln und das Bittermandelaroma darunter rühren.

2 Aus der Masse walnussgroße Kugeln formen oder mit einem Teelöffel abstechen. Auf zwei gefettete Backbleche setzen. Die Makronen mit Puderzucker bestäuben und einige Stunden ruhen lassen. Den Backofen auf 150 °C vorheizen.

3 Makronen im Ofen etwa 35 Minuten backen. Sofort vom Blech lösen und völlig abkühlen lassen. Mit Puderzucker bestäuben.

SBRISULONA PARMENSE

Krümeltorte

ZUTATEN FÜR 10 BIS 12 PERSONEN

200 g grob gehackte Haselnüsse
200 g Mehl, Salz
200 g Zucker
abgeriebene Schale von 1 unbehandelten Zitrone
200 g nicht zu kalte Butter
1 Eigelb, 1 Ei
Butter und Mehl für die Form
Puderzucker zum Bestäuben

1 Die Haselnüsse in einer Pfanne ohne Fett bei mittlerer Hitze oder auf einem Blech im Backofen bei 180 °C etwa 7 bis 8 Minuten hellbraun rösten.

2 Das Mehl in einer großen Schüssel mit 1 Prise Salz, den gerösteten Haselnüssen, dem Zucker und der abgeriebenen Zitronenschale mischen.

3 Die Mehlmischung auf eine Arbeitsplatte geben, eine Mulde hineindrücken und die Butter in kleinen Stücken hineingeben. Das Eigelb und das Ei leicht verrühren, in die Mulde geben und alles rasch zu einem glatten Teig verkneten.

4 Den Backofen auf 190 °C vorheizen. Eine Springform von 30 cm Durchmesser mit Butter einfetten, mit Mehl bestäuben und den Teig einfüllen. Den Kuchen im Ofen – am besten bei Unterhitze – 25 bis 30 Minuten backen.

5 Den Kuchen aus dem Ofen nehmen und kurz abkühlen lassen. Aus der Form lösen und auf ein Gitter setzen. Mit einem sauberen Küchentuch abdecken, damit etwas Feuchtigkeit erhalten bleibt. Vor dem Servieren mit Puderzucker bestäuben.

CASSATA

Cassata

Zutaten für 10 bis 12 Personen

Für den Biskuit:
5 Eier, 100 g Zucker, 120 g Mehl
Für die Füllung:
400 g kandierte Früchte (z.B. Ananas, Kirschen, Orangen oder Zitronat und Orangeat)
60 ml Amaretto, 100 g Zartbitterschokolade
1 kg Ricotta, 100 g Puderzucker
Für die Verzierung:
300 g Spinat, 300 g Puderzucker
10–12 kandierte Orangenscheiben, Marzipanrosen

1 Den Backofen auf 180 °C vorheizen. Ein Backblech mit Backpapier auslegen. Die Eier trennen. Eiweiß steif schlagen, Zucker dazugeben und weitere 15 Sekunden schlagen. Eigelb und gesiebtes Mehl vorsichtig unter den Eischnee ziehen. Teig auf das vorbereitete Backblech streichen und 12 bis 15 Minuten backen. Den Biskuit mit Papier vom Blech ziehen und abkühlen lassen.

2 Die kandierten Früchte hacken und mit der Hälfte des Amarettos marinieren. Die Schokolade fein hacken. Eine Servierschüssel mit Frischhaltefolie auslegen. Den Biskuit umdrehen und das Backpapier abziehen. Biskuit in Streifen oder Dreiecke schneiden und die Schüssel damit nahtlos auskleiden. Restliche Abschnitte beiseite legen. Biskuit mit etwas Amaretto beträufeln.

3 Ricotta mit dem Puderzucker verrühren. Die Schokolade und die Früchte unterheben. Die Ricottamasse in die mit Biskuit ausgelegte Schüssel füllen. Mit den restlichen Biskuitstücken die Ricottamasse bedecken und mit dem restlichen Amaretto beträufeln. Die Cassata mit Frischhaltefolie abdecken und mindestens 12 Stunden kühl stellen.

4 Spinat verlesen, waschen und mit 300 ml Wasser pürieren. Die Masse auf ein Tuch gießen und ausdrücken. Die grüne Flüssigkeit in einem Topf auffangen und aufkochen. Den grünen Farbstoff, der sich an der Oberfläche absetzt, mit einem Löffel abschöpfen und mit dem Puderzucker zu einer zähen Glasur verrühren.

5 Die Cassata auf eine Platte stürzen und die Frischhaltefolie abziehen. Die grüne Zuckerglasur darauf verstreichen, mit kandierten Orangenscheiben und Marzipanrosen verzieren.

Küchentipp: Eine Cassata lässt sich auch einfach als Torte schichten. Den Teig zu einem runden Biskuit backen, in drei Böden schneiden und mit der Ricottamasse schichten.

Orangeat und Zitronat sind die gängigsten »canditi«, kandierten Früchte. Die Schalen der Zitrusfrüchte enthalten ätherische Öle, kandiert bleiben ihre Aromen am besten konserviert. Die in Italien wachsende Zedernfrucht wird ebenfalls kandiert, ihre gezuckerten Schalen schmecken milder als Zitrone. Bei italienischen Desserts spielen neben dem Geschmack auch die Farben eine wichtige Rolle. Das Grün der Zedernfrucht ergänzt Zitronengelb und Orange bestens. Leuchtendes Rot kommt von kandierten Kirschen. Eine weitere Farbe zaubern die kandierten Blüten von Veilchen auf die Desserts.

I FORMAGGI FAMOSI

Italiens berühmtes Käsequartett

Italiens Käseherstellung hat antike Wurzeln, schon die Griechen und Römer haben Schafskäse nach bis heute gültigen Rezepturen hergestellt. Hartkäse aus Kuhmilch wie *grana* aus der Po-Ebene oder *parmigiano* aus der Emilia Romagna sind seit dem Jahr 1000 bekannt. In Kampanien wurden die Büffel für Mozzarella schon um 1200 gezüchtet. Der Schimmelkäse Gorgonzola aus der Lombardei ist verglichen damit eine echte Novität: Er soll im 19. Jahrhundert durch Zufall erfunden worden sein.

Die Rinde des jungen Pecorino ist hellgelb. Reifer Pecorino besitzt je nach Behandlung eine rötliche, braune oder schwarze Rinde.

Spedale heißt das Häusergrüppchen auf der höchsten Hügelkuppe der »Fattoria La Vialla« bei Arezzo. An dem Platz eines einstigen Hospizes steht heute der große, moderne Stall der Gutsbesitzerfamilie Lo Franco. 600 Schafe einer sehr wertvollen und seltenen Tierrasse geben Milch für *pecorino toscano* und Lämmer für die Zucht. Ein Hirte aus Sardinien hütet die Herde, die Familie Lo Franco hat ihn aufs Festland geholt, weil die Sarden in Italien als die Spezialisten schlechthin für Schafzucht und Pecorino-Erzeugung gelten. *Pecorino* heißt wörtlich »Schafskäse«. Doch in Italien darf dieser Name nur für ganz bestimmte Sorten aus Sardinien und Sizilien, Latium und der Toskana verwendet werden. Latium ist die älteste, Sardinien die berühmteste, die Toskana die jüngste Pecorino-Region. Und deshalb holen sich toskanische Landgüter gern das sardische Know-how für den Schafskäse, der an Beliebtheit alle anderen traditionellen Schafskäsesorten überrundet hat.

Der unangefochten führende Käse Italiens bleibt freilich der *parmigiano reggiano*, der goldgelb schimmernde Hartkäse aus Kuhmilch, ein wie Pecorino gesetzlich geschütztes Markenprodukt, das nur in bestimmten Landstrichen der Emilia Romagna hergestellt wird. Giovanni Boccaccios »Dekameron« hat diesen Käse für die Ewigkeit berühmt gemacht. Das Buch schildert den Schlemmer Calandrino, der sich als einzig wahren Wohnsitz den Gipfel eines Berges aus geriebenem Parmesankäse erträumt. Ob gerieben, gehobelt, in Brocken oder Bröckchen: *Parmigiano* schmeckt pur als Vorspeise, im Kreis von Marmeladen oder Früchten als Dessert, er ist unentbehrlich für viele *risotti* und Pastagerichte, er würzt Suppen und Fleischtöpfe. Nicht einmal das *parmigiano*-Tabu für Fischgänge existiert wirklich, der Süden kombiniert Sardinen und Sardellen mit Parmesan.

Kein anderes Gericht ist so untrennbar mit einer ganz speziellen Käsesorte verbunden wie die Pizza. Sie ist ohne Mozzarella, den Frischkäse aus Kampanien, undenkbar. Die beste, schmackhafteste Sorte ist der Frischkäse aus Büffelmilch. Ihn gibt es schon viel länger als die Pizza: Bereits im 12. Jahrhundert haben die Mönche des Klosters San Lorenzo in Capua Brot und *mozza* an Prozessionsteilnehmer und Pilger verteilt. Im größeren Stil ist die Herstellung von Büffel-Mozzarella erst seit dem 16. Jahrhundert dokumentiert. Heute ist die *mozzarella di bufala* ein Markenprodukt, es gibt sie in Kirschgröße, als Kugeln und zu Zöpfen geflochten. Und sie schmeckt zu gut, um nur Pizzabelag zu sein, sie ist ideal als Begleiterin frischer Tomaten und Salate. Am besten kommt sie frisch und pur zur Geltung, mit etwas Pfeffer und ein paar Tropfen Olivenöl.

Unter den Käseberühmtheiten Italiens hat der Gorgonzola die kürzeste Vergangenheit. Legenden ranken sich um die Entstehung des sehr fetten und schmackhaften Kuhmilchkäses, der ursprünglich einmal *stracchino di Gorgonzola* oder *stracchino verde* hieß. Aller Wahrscheinlichkeit nach ist er die Evolution eines Käses, den der Erzbischof von Mailand 1881 in seinem Testament erwähnt hat. Heute ist neben der Lombardei auch das Piemont eine gesetzlich zugelassene und geschützte Region für die Herstellung von Gorgonzola. Der Schimmelkäse schmeckt sehr markant, wird daher in der Küche gern Grundzutaten wie Reis oder Rohkost beigesellt.

PECORINO-BREVIER

»Pecorino romano« wird in den Regionen Latium, Sardinien und in der toskanischen Provinz Grosseto hergestellt. Zum Käsen wird frische Schafsmilch von zwei Melkdurchgängen verwendet. Der Käse wird zu Laiben von 20 bis 35 kg geformt. Als Tafelkäse muss er fünf, als Reibekäse acht Monate reifen. »Pecorino sardo« kommt ausschließlich aus Sardinien. Der milde »dolce« reift in Formen von 1, 2 oder 3 kg über 20 bis 60 Tage, die Laibe des herzhaften »maturo« sind bis zu 4 kg schwer und reifen zwischen zwei Monaten und einem Jahr. »Pecorino siciliano« reift in Formen von 4 bis 8 kg mindestens vier Monate und wird in dieser Zeit bis zu dreimal gesalzen. Als frischer, ungesalzener Käse heißt er »tuma«, nach der ersten Salzung »primo sale«, nach der zweiten »secondo sale«. »Pecorino toscano« machen neben den toskanischen auch Bauern in Perugia und Viterbo, die Milch kommt nur aus genau gekennzeichneten Weidegebieten. Frischer Pecorino muss mindestens 20 Tage, halbfester mindestens vier Monate reifen.

ITALIENISCHES REZEPTREGISTER

DEUTSCHES REZEPTREGISTER

REZEPTREGISTER NACH KAPITELN

BROT

ANTIPASTI

BILDNACHWEIS

Titelfoto: Walter Cimbal
Reportagefotos: Alexander Haselhoff
Rezeptfotos: Walter Cimbal
Außerdem: Alexander Haselhoff: S. 36 oben, 94 oben, 96, 133 oben, 222; Bilderberg/Frieder Blickle: S. 8 oben links und rechts und unten, S. 9; LOOK/Jürgen Richter: S. 154 unten; StockFood/Anthony Blake: S. 159 oben; StockFood/Michael Brauner: S. 37 oben, 52 oben, 102 oben; StockFood/Gerrit Buntrock: S. 226; StockFood/Stephan Clauss: S. 95 oben; StockFood/Czap Daniel: S. 134; StockFood/ S. & P. Eising: S. 48, 53 oben, 86, 132 oben, 144; StockFood/Susie Eising: S. 158 oben, 218; StockFood/Francis Hammond: S. 76; StockFood/Molly Hunter: S. 68 oben; StockFood/Ulrich Kerth: S. 155 oben; StockFood/Chris Meier: S. 84 oben; StockFood/Karl Newedel: S. 206; StockFood/Studio Adna: S. 190 oben; StockFood/Peter Croydon Studio: S. 69 oben.

DANKSAGUNG

Der Verlag bedankt sich bei allen, die zum Gelingen dieses Buches beigetragen haben, und vor allem bei den folgenden Betrieben für die freundliche Unterstützung bei den Fotoreportagen:
Antica Riseria Ferron, Pila Vecia,
Isola della Scala (VR);
Nicola Zanda, Siena;
Fattoria La Vialla, Via di Meliciano 26,
Castiglion Fibocchi;
Gelateria Roby, Piazza Garibaldi 5,
Male;
Prosciutteria D' Oswaldo, Via Dante 40,
Cormons;
Prosciutteria Dall' Ava, Via Gemona 29,
San Daniele del Friuli.